女

Mozart
莫札特

人皆如此
Così fan tutte

女人皆如此
Così fan tutte

Mozart
莫札特

NSO歌劇系列
阿瑪迪斯狂想世界

目次

Mozart

重現莫札特的人間世

莫札特可能是所有人一生當中，第一位認識的作曲家吧！「一閃一閃亮晶晶」的曲調每個孩童朗朗上口，但往往不知竟然就是莫札特的作品！而除了珠玉般的器樂曲之外，莫札特最為人所稱道的，還是堪稱歷史瑰寶的幾部歌劇。纖細的情感捉摸加上無偽的表達，使他的歌劇洋溢活生生的人性，總覺得那其實就是一幅「人間世」的縮影。

其中最膾炙人口的達彭特三部曲：《唐喬望尼》、《女人皆如此》及《費加洛的婚禮》，三劇中熱剌剌描繪出世間男女的愛恨情仇，這樣的人生百態不論在兩百年前的維也納或二十一世紀今天的台灣，似乎都不曾改變。賴聲川導演同我都是莫札特迷，從二〇〇四年起我們就興奮地展開了莫札特三部曲計劃。追循著樂譜及史籍所留下的線索，試圖重現莫札特所設定的「角色」和「聲音」；也利用演出場地的條件，加上賴導細膩的文本建構，想要呈現出一個能讓大家直接進入劇中人物情境的演出。

我們企圖掌握的「重現」，在於莫札特的精神，而不是外表的型式。無數人在莫札特歌劇中感受到悲傷、歡笑或震撼，我也希望我們這次能帶給台灣愛樂者既忠實原旨、又恍若全新的演出。也願以這部作品呈獻給莫札特，祝他二百五十歲生日快樂！

。 如此的《女人》……

莫札特的荒謬愛情喜歌劇《女人皆如此》

都是男人惹的禍？

文◎邢子青　愛樂電台節目製作及主持人

《女人皆如此》看似指責女人的愛情不忠實，
但骨子裡卻連帶諷刺男人對愛情的猜疑與無情。
以這場愛情賭局來看，
與其說「女人皆如此」，
還不如說「都是男人惹的禍」！

二十世紀之前，女性在社會中的地位，或多或少總是被貶抑的；二十世紀之後，經過女權主義運動者的努力，女性總算能享有男性過去的既得利益，雖然兩者之間還有一些差距，但不可否認的：女性在今日社會中的地位已不容忽視。

有趣的是，早在您我熟悉的《梁山伯與祝英台》劇情裡，兩個拜把「兄弟」在學堂上就為了「將女子與小人比為同類」的問題進行唇槍舌戰，只見祝英台爭得面紅耳赤，就是要為女性贏得該有的尊嚴與平等。類似的話題，在古今中外不乏例子，這戰火甚至還蔓延到歌劇舞台上，莫札特的歌劇《女人皆如此》，就是個典型例子。

乍看之下，這標題對女性同胞大為不敬。女人怎麼了？為了什麼事，竟然說女人皆如此？這麼「沙文主義」的說法，到底從何而來？

皆因八卦而起

早在《女人皆如此》之前，莫札特就寫出了一齣著名的歌劇《費加洛的婚禮》，劇中伯爵覬覦貼身僕人費加洛的新婚妻子蘇珊娜，打算在他們的新婚夜對蘇珊娜行使「初夜權」（註：男性貴族對女性僕人行使「洞房」特權）。

莫札特出身於音樂世家
（Johann Nepomuk della Croce）

　　歌劇第一幕，伯爵來到蘇珊娜的新房搭訕，正巧好管閒事的宮廷音樂教師巴西里歐前來湊熱鬧，伯爵為了避嫌，趕緊躲到一旁。不知情的巴西里歐告訴蘇珊娜：他發現伯爵府上的童僕凱魯碧諾，成天盯著伯爵夫人瞧，這小鬼八成是愛上了伯爵夫人，要是哪一天被伯爵知道了，凱魯碧諾可就吃不完兜著走了。

　　躲在一旁的伯爵聽到此事，按捺不住脾氣跳了出來，他要巴西里歐把話說清楚，並且氣憤地表示，總有一天要逮著不知天高地厚的凱魯碧諾。伯爵還提到當天上午，他到官邸花園總管的家中，看見一張蓋著一塊大布的椅子，伯爵一時好奇，走上前去把布掀開，竟然發現凱魯碧諾躲在椅子裡！

　　伯爵一方面向蘇珊娜和巴西里歐敘述整個過程，另一方面還就近利用蘇珊娜房間裡同樣蓋著大布的椅子輔助說明，沒想到，這一回竟然又看見凱魯碧諾縮在椅子上！原來，在伯爵進入蘇珊娜房間之前，凱魯碧諾早已捷足先登，來和蘇珊娜聊是非，當他聽見伯爵的腳步聲時，一時無處可躲，於是跳進大椅子裡，用毯子蓋住自己暫時避難，結果還是被伯爵抓了包。在一旁的巴西里歐看到這番景象，則是有點幸災樂禍地唱著：「原來女士們都是這樣的（Così fan tutte le belle）」！

　　這麼一句諷刺的劇本台詞，結果成了莫札特另一齣歌劇的標題，沒弄清楚原委的觀眾，可能還會因此怪罪作曲家和劇作家的「大男人主義」哩！

莫札特不「沙豬」！

　　事實上，莫札特可是個疼愛老婆的好老公，儘管他的妻子康絲坦采並不是他原本愛慕的對象，他愛的是康絲坦采的姊姊艾羅西亞，後來艾羅西亞與他人結婚，讓莫札

與莫札特鶼鰈情深的康絲坦采
（油畫，Joseph Lange,1782）

特死了心，這時他轉移目標，看上了康絲坦采；雖然康絲坦采不比姊姊靈活美麗，但莫札特欣賞她的善良。在一封寫給父親的信中，莫札特表現了無比的信心：「康絲坦采將會是一個賢妻良母。」

過去坊間部份書籍以訛傳訛，以為康絲坦采是個揮霍、不擅理家的女子，甚至認為康絲坦采要為丈夫的早夭負起部份責任，但在音樂學者與史學家的考究之下，卻證明了康絲坦采是個精明能幹、盡心盡力維護丈夫權益的好妻子。有位傳記作者就寫道，康絲坦采總是勸告老公莫札特，花錢要量入為出、行事要深思熟慮。從實際狀況來看，莫札特顯然沒有聽進康絲坦采的苦口婆心。儘管他們的生活困窘拮据，但夫妻倆的恩愛卻也是不爭的事實。

莫札特一七八九年創作《女人皆如此》時，康絲坦采身體不適，需要的醫療開銷相當可觀，這對於家庭經濟已陷入困頓、個人健康亮起紅燈的莫札特來說，更是雪上加霜，但現實生活的艱難，並不影響夫妻之間的情感。在一封莫札特寫給康絲坦采的信中，他寫著：「我的愛中充滿了無比的信心，妳已得到見證，妳會瞭解我們是多麼地包容對方！」

這麼疼愛妻子的莫札特，為何會寫出看似充滿沙文色彩的《女人皆如此》呢？其實莫札特有他的無奈。雖然他位居當時奧地利宮廷的作曲家一職，但收入相當微薄，加上莫札特嚴重缺乏理財概念，寅吃卯糧是常有的事；在經濟考量之下，就連向來注重劇本的他，也只好接下當時奧國皇帝約瑟夫二世的委託，以一則來自當時維也納社交界的趣聞作為題材，譜寫這齣喜劇。

無厘頭的賭局

《女人皆如此》又稱為《戀愛學校》，也有人翻譯為《試情記》，任何一種稱呼都有其意義，因為劇中的感情試煉，就像是在戀愛學校修愛情學分。簡單地說，《女人皆如此》講的就是「交換伴侶」，大意敘述：一位老光棍哲學家阿豐索和兩位年輕軍官打賭，這世上沒有絕對忠貞的愛情，兩位軍官不服氣，於是以自己的未婚妻作為實驗品，和哲學家展開了一場荒唐的賭局。

在阿豐索的設計之下，兩位年輕軍官向他們的姊妹花未婚妻佯稱上前線作戰，其實是把自己打扮成外國商人，然後互向對方的未婚妻展開愛情攻勢；原本他們還以為自己的愛人忠心耿耿，卻沒想到位未婚妻竟然都改變心意，答應了「冒牌外國商人」的求婚。

在一場「假戲真作」的結婚典禮上，兩位軍官揭去面紗、換下道具服裝，露出了真面目，讓他們的未婚妻目瞪口呆、跪地求饒。在劍拔弩張的緊張氣氛之下，老光棍哲學家充當和事佬居間調解，讓原本可能破碎的兩對愛情，有了轉圜餘地。想當然爾，這場賭局唯一的勝利者，就是阿豐索，他和《費加洛的婚禮》當中的宮廷音樂教師巴西里歐一樣，都以嘲諷態度笑看人間男女，甚至在賭局勝負揭曉的那一剎那，他還帶著兩位垂頭喪氣的軍官高唱：「世間女子管她年輕貌美、或是垂垂老矣，她們都是一個樣子的（Così fan tutte）！」

音樂救了劇本

如果和之前的《費加洛的婚禮》或是《唐喬望尼》相較，《女人皆如此》的劇情顯得貧乏，甚至有些無厘頭，不論在戲劇張力或是撼動人心的力量上，都不比之前兩部作品來得深刻，但這齣歌劇的劇作家並不是新手，而是和莫札特合作過前述兩齣歌劇的羅倫佐・達彭特（Lorenzo da Ponte, 1749-1838）。

達彭特是一位猶太裔的義大利傳教士，但他生性放蕩不羈，後來因為一樁醜聞被羅馬教廷判刑，輾轉逃到維也納，獲聘擔任當時維也納國家劇院的劇作家，負責撰寫義大利歌劇劇本。他和莫札特初識於一七八三年，改編自法國劇作家波馬榭（Pierre-Augustin Caron de Beaumarchais,1732-1799）原著的歌劇《費加洛的婚禮》成為兩人一拍即合的成功見證。隨後的《唐喬望尼》則又展現了音樂與劇本的完美搭配，但是在《女人皆如此》當中，達彭特卻未能延續之前的創作功力，莫札特則因為創作時間緊迫和健康等因素，無法像往常一樣仔細修繕劇本，雖然如此，他還是貢獻了絕妙的音樂。

向來強調「音樂、戲劇、文學必須完美搭配」的德國作曲家華格納就曾感慨地表示，莫札特實在沒有必要為這麼差勁的劇本寫出這麼好的音樂。從華格納的說法來推論，或許我們可以說：若不是莫札特的音樂，很可能這樣一齣喜劇，就會被埋沒在歷史的洪流裡。

不過，倒也有樂評家以為，《女人皆如此》的劇本或許不比《費加洛的婚禮》，但其中也不乏達彭特擅長的警世意味，所以嚴格說來，其劇本未必乏善可陳。到今天為止，《女人皆如此》的演出機率與知名度，直追《費加洛的婚禮》與《唐喬望尼》，甚至被並稱為莫札特的「三大喜歌劇」，足見此劇受歡迎的程度。

情場如戰場

姑且不論各家對劇本的評價為何，都無法否認莫札特音樂烘托人性的功力。從莫札特十三歲起寫作生平第一齣正式的歌劇以來，他最看重的除了劇本之外，再來就是「音樂是否能夠忠實地表現劇中人性」，雖然合作的劇作家不盡如人意，但莫札特音樂對人性的刻畫，卻從不馬虎。

在《女人皆如此》當中，主要角色集中在一對姊妹花——斐奧迪莉姬（女高音）與朵拉貝拉（次女高音），還有她們的軍官未婚夫——古烈摩（男中音）與費蘭多（男高音），原本他們是山盟海誓的情侶，但兩位年輕氣盛的軍官卻在老光棍鄰居阿豐索（男低音）的慫恿之下，以未婚妻作為賭局棋子，大膽地考驗彼此的愛情忠誠度。原本兩位軍官還信心滿滿，兩位女士也忠心耿耿，但是在阿豐索的操作之下，原本的不可能，卻都成為可怕的變數。

在這齣歌劇裡，這兩對情侶的情緒變化，可說是重頭戲。從一開始，兩位軍官「知情」參與賭局，相對於兩位女士「不知情」而被設計，到最後，兩位女士「欣然」接受新歡，兩位軍官卻得「頹然」面對敗局，其中的對立與互動，就是本劇最大的看頭。

此外，居間穿針引線的阿豐索以金錢誘惑兩位女士家中的女傭黛絲碧娜（女高音）共同參與，這兩人相互搭配，把兩對情侶耍得團團轉。尤其阿豐索的老神在在（您也可以解讀為「老奸巨猾」），加上黛絲碧娜的機伶俏皮、甚至小辣椒的性格，為整場賭局加味不少。從旋律、劇情搭配到人物性格表現，您可以聽到莫札特細膩的表現手法；至於擔綱演唱的六位歌者，也必須實力相當，才足以撐起莫札特緊密紮實的音樂脈絡。

導演的創意遊樂場

雖然歷代評論家和音樂學者對於《女人皆如此》的整體表現褒貶不一，但有些歌劇導演和製作人，卻能看出其中隱藏的「珠玉之處」，重新加以發揮，就能創造出獨樹一格的《女人皆如此》。

這部歌劇的演唱部分，主要集中在六位獨唱者身上，莫札特為他們編寫了相當豐富的獨唱與重唱，光是這些段落，就連資深的歌劇迷，都可能大呼吃不消，份量之重可見一斑。相較於重唱與獨唱，合唱團在這齣歌劇裡，就顯得小家子氣，純粹是插花兼跑龍套，對劇情產生不了太大的影響力，因此在部分演出製作裡，會刪去份量極少的合唱團，讓整部作品看來更緊湊、精緻。

　　除此之外，歷代的演出製作中，也不時出現劇情時空「乾坤大挪移」的例子。原本在達彭特的安排之下，場景是發生在十八世紀末的義大利拿坡里，抽離既定的時空設計，這樣的故事情節，一樣可以套用在各個時代的環境裡，於是，公路餐廳、養生SPA館、咖啡座、甚至夜總會，都可以成為男人女人談論愛情是非、設計愛情賭局的「第一現場」。透過各個歌劇製作人與導演的視覺設計，加上莫札特的音樂帶領，只要是變得有道理，能符合邏輯，觀眾只需要放縱想像力，就能隨著導演的創意漫天飛舞，見識不同年代、不同地域的愛情大考驗。

都是男人惹的禍！

　　回到歌劇標題來看，雖然叫做《女人皆如此》，看似指責女人的愛情不忠實，但骨子裡卻連帶諷刺男人對愛情的猜疑與無情。以這場由達彭特與莫札特聯合編導的愛情賭局來看，與其說「女人皆如此」，還不如說「都是男人惹的禍」！

　　也許我們可以下這樣一個結論：在情感的角力場上，不論男人或女人，大家都一樣！既然如此，不如好好地享受莫札特的音樂，順便思考一下劇情帶來的啟示吧！

《推薦欣賞曲目》
儘管《女人皆如此》的劇本似乎不盡完美，但就音樂部分來說，則是從頭到尾絕無冷場，對於想要即時一窺全貌、或是再度回味的欣賞者來說，幾段樂曲值得推薦：

序曲
第一幕
三重唱〈但願風平浪靜〉（Fiordiligi, Dorabella, Alfonso）
詠唱調〈無情的紛亂困擾著我〉（Dorabella）
詠唱調〈在軍人身上尋找忠貞愛情〉（Despina）
詠唱調〈我心堅如磐石〉（Fiordiligi）
詠唱調〈情人愛的氣息〉（Ferrando）

第二幕
詠唱調〈女人一到了十五歲〉（Despina）
二重唱〈我比較喜歡那個黝黑一點的〉（Dorabella, Fiordiligi）
二重唱〈我把心交給了妳〉（Guglielmo, Dorabella）
詠唱調〈吾愛，請憐憫我吧〉（Fiordiligi）
二重唱〈依偎在我忠實的未婚夫懷裡〉（Fiordiligi, Ferrando）

《相關推薦劇碼》
除了《女人皆如此》之外，如果有機會接觸莫札特另外兩齣經典的喜歌劇，就更能深度瞭解這位作曲家在個人顛峰時期的歌劇藝術：
● 《費加洛的婚禮》（Le nozze di Figaro）
● 《唐喬望尼》（DonGiovanni）

一場多愁善感的傀儡戲

達彭特與莫札特的《女人皆如此》

文◎陳漢金　東吳大學音樂系教授

兩對男女主角所展現出的敏銳多愁善感效果，
並非主觀情緒的表現，
而是一般人面對愛情的種種考驗時，普遍人性的體現。
這座《情人們的學校》不是爲了傳授甜言蜜語、打情罵俏的技巧，
而是將愛情與人性實驗的過程，明確地攤在觀衆面前。

　　莫札特晚年的義大利喜歌劇《女人皆如此》（1790 年），在他死後，長久未受到重視，必須等到二十世紀的二〇年代以後，人們才逐漸認清它的價值；近年來，它更成爲許多歌劇院、音樂節競相演出的劇目，而與熱門的《費加洛婚禮》、《唐喬望尼》、《魔笛》並駕齊驅。

　　《女人皆如此》在十九世紀被「打入冷宮」，甚至受到貝多芬與華格納的誤解與排斥，一方面是由於它題材上的「不道德」，另一方面則導因於音樂上太「另類」的獨特處理。如今，《女人皆如此》雖早已獲得平反，然而同樣的誤解與排斥仍舊廣泛地存在著，釐清這些疑點，可能有助於我們去親炙這麼一部非凡歌劇的魅力。

女人皆如此，男人更如此

　　包括貝多芬在內的許多十九世紀人士都認爲，此劇中，飽經世故的老哲學家阿豐索是「厭惡女人的」（misogynist），他替兩位男主角設下的「考驗女人忠實」的詭計，是有損於女性尊嚴

的。這種論點直到今日，仍得到許多人的附和，不少「女權主義者」，尤其排斥《女人皆如此》。這種誤會，無疑源自對此劇劇名與內容的曲解，以及對該劇時空背景的認識不清。

第二幕第四場。化妝成阿爾巴尼亞人的兩位男主角，在小樂隊伴奏下，登門獻花求愛。（作者提供）

事實上，《女人皆如此》的劇本作者達彭特，在劇中已清楚提示著：男人的不忠實，遠超過女人！在第一幕中，當兩位女主角為她們各自的未婚夫出征而唉聲嘆氣之際，她們的輕薄侍女黛絲碧娜卻譏笑道：三從四德已過時，不如及時行樂。她的理由卻是：舉世的男人都是不忠實的壞胚子；女人被沒必要為男人效忠。黛絲碧娜在她的第一首歌曲中，嘲諷地唱道：「……天下所有男人，都是一個模子鑄出來的，飄動的樹葉，多變的風，比起他們，都顯得更老實……」。

達彭特雖將此劇命名為「女人皆如此」，實際上卻意味著「男人皆如此，女人也只好如此」，畢竟" Così fan tutte"（女人皆如此）與" Così fan tutti"（男人皆如此），其義大利原文只不過是一個字母之差而已。因此，女權論主義的信徒們，不只不必再認為此劇是歧視女人的，還可以為此劇在女權主義上所表現的矢進而大聲喝采呢！在法國大革命爆發的次一年（1790年），民權與自由思潮高漲的時空下，此劇以能夠將女人與男人相提並論，而且是「比壞」而不是「比好」。此舉正如革命前兩年完成的《唐喬望尼》，在劇詞中隱藏著「自由萬歲」（viva la liberta）一般，值得後人高喊"Bravo"！

矯情的年代，浮華的禮讚

《女人皆如此》對人類的追逐慾望、對人性的弱點進行嘲諷，這在愛情觀念逐漸開放的十八世紀並非獨一無二。莫札特（1756 -1791）的同時或稍早，一種所謂「馬里沃風格」（marivaudage）的創作風潮已在法國興起，並且被傳入維也納宮廷與藝術界，此風潮的本源是法國劇作家馬里沃（Pierre de Marivaux, 1688 -1763），以及他的傳承者波馬榭。波馬榭的劇作《費加洛的婚禮》，於一七八六年被達彭特與莫札特改寫成喜歌劇。

達彭特先後為莫札特所做的三個喜歌劇劇本，都頗能發揚馬里沃風格的精髓。這類戲劇創作捨棄了十七世紀莫里哀（Molière, 1622 -1673）式的「個性喜劇」（comédie de caractère）呈現方式，而採用「情節喜劇」（comédie d'intrigue）的處理方式。莫里

第二幕第七場。斐奧迪莉姬：「親愛的，可憐我，原諒我。」（作者提供）

哀式的個性喜劇，諸如《偽君子》、《吝嗇鬼》等，旨在突顯某一具特殊癖好或個性人物的鮮明特質；馬里沃式的情節喜劇，卻不在意於劇中主要人物個性的刻畫，而刻意安排曲折多變的劇情，讓劇中主要角色們在經歷劇情的轉折之際，顯現出微妙的心境變化。這種心理的變化，將隨著劇中情（situation）的變換而改變，例如《女人皆如此》中的兩姊妹，較激情的朵拉貝拉、較沈穩的斐奧迪莉姬，在面對戲中許多不同的狀況時，各自的心理有何反應？這些狀況諸如：陶醉在訂婚後的愛情喜悅時、與出征的男友告別時、受到外界闖入的男士追求時，內心掙扎著是否接受追求時……。在相同的狀況下，輕浮的朵拉貝拉與沈穩的斐奧迪莉姬又展現出不盡相同的反應。

達彭特為此劇兩對男女主角精心安排設計，所展現出的敏銳多愁善感（sentimentalism）效果，並非四位角色主觀情緒的表現，而是一般人面對愛情的種種考驗時，普遍人性的體現。換句話說，此劇是達彭特研究愛情與人性的成果展示。因此，此劇在首演時被加上一個副名，而成為《「女人皆如此」，或「情人們的學校」》。這座《情人們的學校》不是為了傳授甜言蜜語、打情罵俏的技巧，而是將愛情與人性實驗的過程，明確地攤在觀眾面前。儘管這些愛情課程不具說教的意味，它們那直逼人性弱點的嘲諷，毫不容情的殘酷，卻頗讓包括你、我在內的所有修習愛情學分的學生們動容。

主導這項愛情實驗的愛情學校校長，無疑是人生歷練豐富、老謀深算的哲學家阿豐索。他在他的助手——女侍黛絲碧娜——的協助下，宛如操控著四尊提線木偶（兩對男女主角）。這四個逃不出被操縱命運的傀儡，各自具有相當類型化的性格，它們在彼此之間的矛盾中各自掙扎、勾心鬥角或彼此妥協；在這整個演變的歷程中，我們見到它們的敏銳多變、多愁善感。然而這場充滿變裝、交換伴侶，對人類的情感盡情嘲諷的木偶戲，卻絲毫不具真實感，它有如音樂學家愛因斯坦（Alfred Einstein）所言，是「一場精采的棋局，或完美無缺的戲法」。

操控這場精采木偶戲的哲學家阿豐索，無疑是達彭特本人的化身，而這整齣布局緊密、設計精巧的喜劇，應是十八世紀後半矯情、浮華風尚的縮影。達彭特與他的義大利同胞卡沙諾瓦（Giacomo Casanova Casanova, 1725-1798）不只是同時代的人物，

還是惺惺相惜的朋友。這兩位愛情冒險家，不約而同地將他們各自放蕩的愛情經驗，藉著文學創作，將情色提升到藝術的水平。達彭特與卡沙諾瓦都各自寫了一部《回憶錄》，然而達彭特比卡沙諾瓦幸運之處在於，它能夠為莫札特編寫三部歌劇鉅著的劇本，而名垂不朽（《費加洛的婚禮》、《唐喬望尼》、《女人皆如此》）。

精巧縝密的佈局，曖昧迷人的詩意

達彭特的《女人皆如此》劇本與莫札特的音樂可說是相得益彰。前者為後者提供一個平衡、均稱、明晰的骨架，後者的音樂則為這個無懈可擊的基本架構，注入鮮活的靈性、熱烈的生命力與曖昧迷人的詩意。

表面上看似曲折多變的劇情，達彭特卻以古典戲劇的「三一律」、「三段論」加以規範節制，使得全劇的布局顯得精巧、縝密、清晰，而無蕪雜之弊。全劇雖然只有對稱的兩幕，卻隱含著古典戲劇三段的結構：呈示、突變與結局。莫札特順著這個結構，將它套入奏鳴曲形式呈示、發展、再現的框架中，使全劇符合一具有高潮起伏的廣義奏鳴曲形式：第一幕前半段所有人物的呈現、劇情緣由的交代是呈示部；第一幕後半、第二幕前半，兩位男主角假裝出征後，化妝成阿爾巴尼亞人，返回誘惑彼此的對象，這個較緊湊的「試情」歷程，相當於發展部；第二幕後半，誘惑成功後的攤牌，大團圓的結局，相當於再現部。

第二幕第十七場。化妝成公證人的黛絲碧娜讓兩對情侶簽訂婚契。（作者提供）

達彭特為莫札特設計了各自都顯得相當長的兩幕（第一幕有十六個場景，第二幕有十八個場景）；藉著這個漫長的歷程，莫札特才能夠以音樂，細膩地刻畫四位主要角色的心境演變。

四位主要角色在兩幕中各有一首獨唱，從每個人前、後唱出的這兩首歌曲，可以聽出她們心理上的明顯轉變。例如莫札特為斐奧迪莉姬所譜第一首獨唱〈堅如磐石〉，曲中充滿了誇張的大跳音程、富麗的小號伴奏，以凸顯出這位個性深沉的女主角，在受到誘惑之初的堅決、不為所動。然而在經受一波又一波的攻勢之後，她終於軟化下來，柔順地唱出〈親愛的，可憐我，原諒我〉，其中柔和的法國號取代了〈堅如磐石〉中威猛的小號，細膩且富於表情的旋律接替了先前大起大落的曲調。如此，莫札特所譜的八首獨唱曲，每一曲都具有一種細膩獨特的「心境色調」，使得全劇顯得豐富多彩。

梅斯美為巴黎上流社會仕女施行磁療。
（作者提供）

　　然而比起數目多達將近二十首的各類重唱曲，這八首獨唱曲還是遜了些。重唱曲的眾多，使此劇贏得「重唱歌劇」的美名。在這些各式各樣的二至六重唱中，莫札特根據達彭特原本精巧縝密的設計，在音樂進行中疊置幾個由不同角色唱出的旋律線條。這些線條時而呈現出類似的心情，時而呈現出矛盾對立的心理狀態。這些不同心理層面的疊置，往往造成曖昧的氣氛，激發出深刻迷人的詩意。例如第一幕中著名的〈送別的五重唱〉，兩位女主角真情流露、依依不捨地告別她們的未婚夫；這兩位假裝出征的未婚夫，卻只能虛與委蛇地假戲真做；介於兩對男女之間的阿豐索，將這一切看在眼裡，終於忍不住唱出：「我再不笑，將會爆裂開來！」

　　兩幕的結尾處，各自有一段甚長的終曲（finale），各段終曲是由連串的重唱接續而成的，這個連貫的設計，營造出層層逼近，熱鬧緊湊的效果。第一幕終曲，兩位男主角假裝服毒自殺，嘗試激起他們誘惑對象的同情。裝扮成醫生的女侍黛絲碧娜，手拿著一個大磁鐵，宣稱以「磁療法」（magnetism）來救活服毒者。這個治療的過程，事實上是阿豐索的詭計：藉由磁療，兩位女主角必須前去碰觸兩位誘惑者的身體，如此而激起他們觸電般的感受。這段磁療的情節，影射著當時一位倡言「動物磁性說」的德國醫生梅斯美（F. A. Mesmer）。梅斯美沒有實際功效的磁療在莫札特時代盛行於維也納與巴黎，後來被美國外交官、科學家富蘭克林揭發而名譽掃地。

　　這段磁療情景的巧妙之處在於：兩位假裝服毒的男主角，被他們的誘惑對象碰觸時，雙方各自微妙的感受。女方在經歷了肉體的碰觸之後，終於有了「感覺」，而減

低了先前排斥的態度；男在受到碰觸之際，卻顯得相當尷尬，他們一方面是又驚又喜，另方面卻感到嫉妒憂慮，只因為他們在享受他人未婚妻的溫存的同時，他們各自的未婚妻卻被他人摟在懷裡。這段過分細膩而矯揉造作地描繪愛情心理的情節，無疑是「馬里沃風格」在莫札特歌劇中最佳的體現。其他類似的例子，在《女人皆如此》的許多不同情景中比比皆是，有待大家去發掘。

第一幕終曲的磁療情景（一九五一年 Glyndebourne 歌劇節的演出）。
（作者提供）

撲朔迷離的愛情學分

嬉鬧主題下的嚴肅課題

文◎陳樹熙　高雄市立交響樂團團長

《女人皆如此》簡單的劇情，
給了莫札特以其音樂細細道出愛情面面觀的機會，
將戀愛中人們苦甜參半的心情傳達得淋漓盡致，
因而才得以將這個臥房鬧劇提升為歌劇傑作。

在莫札特的歌劇創作生涯中，最幸運的大概要算是結識了達彭特這位多彩多姿的人物了。達彭特在政治上是自由派，受過廣泛的教育，精通數國語言，個性機智詼諧，喜歡與結過婚的女人勾勾搭搭，還曾經因此惹過不少的麻煩。他們二人創作結合，在歌劇史上只有後來的威爾第一包益多、吉伯特─蘇利文、史特勞斯─霍夫曼史塔可以相提並論，二人在短短的一七八六至一七九○年間，攜手完成了三部歌劇傑作：《費加洛的婚禮》、《唐喬望尼》與《女人皆如此》。

假如不是莫札特在一七九一年突然去世，而且倘若在皇上約瑟夫二世駕崩之後，劇院沒有遣散達彭特、長期關門追悼的話，二人的合作關係很可能會繼續下去，再創作出更多的歌劇傑作。在莫札特去世之後的三十多年裡，達彭特游走於歐洲幾個大都市之間（倫敦、海牙、布魯塞爾），試著建立一己的聲名與事業，後來則搬到美國定居，成為美國公民，在新大陸開雜貨店、做小買賣之餘，也致力於推展義大利文化，最後獲聘成為哥倫比亞大學的義大利文教授。

臥房鬧劇→歌劇傑作

達彭特與莫札特合作的前兩部劇，《費加洛的婚禮》與《唐喬望

莫札特像（Barbara Krafft, 1819）

尼》在內容上都不易討皇家的歡喜，而令人大吃一驚的是，在這兩齣戲之後，皇上約瑟夫二世竟然仍親自點名，要求莫札特與達彭特合作另一部新戲，由他親自挑定故事體裁內容，將先前不久發生於宮廷中的醜聞化為歌劇。

這齣歌劇的故事非常簡單，它敘述一對迷人的姐妹與兩位年輕的軍人訂婚，這兩位男士動不動便誇稱他們的未婚妻是多麼的純潔忠實，老於世故的阿豐索聽膩了這些大話，於是便和他們打賭，能夠三兩下就讓她們愛上別人。於是兩位年輕人向未婚妻詐稱他們將要前赴戰場，然後喬妝改扮，動手去追求另一位的未婚妻。雖然剛開始她們對新出現的追求者感到動心，但是仍然表現堅決如一不為所動，但是在男士們以自殺要脅之後，就軟化了，終而投入他們的懷抱中。這時這兩位軍人「返鄉」，假裝發現了她們出軌的事情；雖然一開始他們很憤怒，但是最後還是決定娶這兩姐妹，反正天下「女人皆如此」。

這樣的故事充其量也只不過是臥房鬧劇而已，但是這簡單的劇情卻給了莫札特以

其音樂細細道出愛情面面觀的機會，將戀愛中人們苦甜參半的心情傳達得淋漓盡致，因而才得以將這個臥房鬧劇提升為歌劇傑作。

莫札特的敗筆之一？

　　這齣歌劇準確的創作時間不詳，只知道在一七八九年年尾時，演員們群集在莫札特家中排練此劇，一七九〇年一月二十六日於維也納的布爾格劇院（Burgtheater）首演，由達彭特的情婦阿德里雅娜‧費拉雷瑟（Adriana Ferrarese）擔任女主角之一的斐奧迪莉姬，她在前一年《費加洛的婚禮》再度上演時，擔任過蘇珊娜。至於其餘的角色：黛絲碧娜、古烈摩、阿豐索，分別是由曾經與莫札特合作首演《費加洛的婚禮》的布薩尼（Dorotea Bussani）、貝努其（Francesco Benucci）、布薩尼（Francesco Bussani）擔任，其餘的兩個角色—朵拉貝拉與費蘭多，則分別是由第一次與莫札特合作的維雷尼夫（Louise Villeneuve）與卡瓦西（Vinvenzo Calvasi）飾唱。
　　關於首演時的觀眾反應，現今存留的相關文獻極少，無從得知。《女人皆如此》在演出五次之後，因為皇上約瑟夫二世駕崩，全國停止娛樂活動以示哀悼，因而停演。次年的夏天才又再度演出了五場，隨後在布拉格、萊比錫、德勒斯登等地也曾分別演出此劇。但是在此之後，此劇便被打入冷宮，被認為在內容上不道德，是莫札特音樂創作生涯的敗筆之一。

六個角色，六種人性

　　以往的劇場觀眾對於如此不道德的題材感到反感，同時也對於莫札特將鬧劇人物的內心世界刻劃得淋漓盡致感到不安，因為如此一來，作曲者將劇中嘻鬧的成分降低，而將之轉換為剖析愛情的一部喜劇，讓觀眾去深入感受這「愛情學校」，衛道之士更視此具有挑逗淫蕩之嫌。但是自從一九三四年此劇在格林德柏恩（Glyndbourne）復演以來，人們對《女人皆如此》的評價開始改變，將其視為莫札特的歌劇傑作之一，在地位上有著一個一百八十度的大轉彎，而後弗洛伊德時代的導演們，更是深愛此劇，認其大有發揮想像與詮釋的空間。
　　在經歷過這一段愛情插曲之後，劇中人物對於愛情的體會也有所不同。原本不屬於一對的斐奧迪莉姬與費蘭多對於愛情與人性有了較深一層的認識，但是另外兩人則仍停留在自尊心受損的虛榮感裡，並未從所發生過的事情中學到任何教訓，也未對人性有著更深一層的了解。上述這種差異使得觀眾得以識出這六個完全不同的個人在這令人莞爾、幾近不可能的事件中所表露出的人性，並深深為之感動。

莫札特的父親，雷奧波·莫札特
（Pietro Antonio Lorenzoni, 1769）

愛情大會考

《女人皆如此》劇情結構的另一觀點

文◎邱少頤　劇作家，國立台北藝術大學講師

從戲劇的角度來看，
《女人皆如此》的人物與情節設計有其精妙。
表現層次由簡單到複雜、弔詭，
由基本簡單元素的不斷變形與堆疊，產生出最後的高潮。
為了表現這純然的基調，作者以最單調的設定展開此劇。

　　《女人皆如此》劇情內容受到爭議與誤解，原因不外乎以下兩點：

　　第一、這個故事充滿男性沙文霸權，不但不公平，更充滿歧視女性的觀點。然而，莫札特並不是始作俑者，這樣的故事真要追究起來，之前還有兩個可能性很高的重大根源。第一個根源是莫札特的競爭對手薩里耶里（Antonio Salieri, 1750-1825）在一七八五年完成的一齣歌劇《特羅費尼歐的岩洞》（La Grotta di Trofinio），情節和《女人皆如此》有相當多的雷同，但是因為這齣歌劇已經不流行了，知道的人不多，所以沒人罵。

　　另一根源來自於當時上流社會的一則花邊新聞。兩個維也納的貴族子弟使用了類似《女人皆如此》中的試探手法，去測試自己的女友是否對「愛情」忠誠。當皇帝聽聞此事，覺得這很適合當作歌劇的主題，因此交付下去，成為命題的創作，因為他是皇帝，高高在上，所以沒人敢罵。

會考出愛情？

　　至於是哪一個根源對莫札特和劇作家達彭特的創作有決定性影

響，已不得而知，但本劇卻實實在在地抓住一個人性的普遍心理，這個主題也常常出現在不同的文學作品中，無論是莎士比亞（William Shakespeare, 1564-1616）還是曹雪芹……我們可以發現到，忌妒、懷疑、試探等負面字眼，常常尾隨著無瑕的愛情出現。好像單純無波折的愛情，就顯現不出靈魂的崇高，要抵達崇高就必須接受苦難、超越苦難，經過這樣的考驗，才算是「感天動地」、才算是「風雨生信心」。換言之，愛情之間的信任並不是自然湧現，而是「會考」後的正果，而這個會考的內容就是「測驗自己的愛人到底有多忠實」！這便是《女人皆如此》中呈現的主題，只是這個主題刺人眼耳，尤其當人人都想證明自己愛得渾然天成，不想讓他人知道在自己純潔清澈的愛中有絲毫的雜質的時候。這劇本正嘲笑並放大了這樣的雜質，使白玉成了萬花筒，叫人眼花撩亂、無所適從。

第二、《女人皆如此》常常被批評為故事簡單、人物單薄。《莫札特－樂神的愛子》一書中對它如此描述：「《女人皆如此》的劇本……讀起來平庸而枯燥乏味。同樣的情境反覆出現，不斷延長。人物都不可愛，兩個沒頭沒腦又自以為了不起的蠢女人，加上兩個呆頭呆腦的未婚夫、一個滿場飛的侍女、一個玩世不恭的老哲學家。他們表達的思想和作出的行為，在在表明他們是庸人。」這評論的確將此作品的價值貶得很低，而從表面看來似乎亦然，人物簡單不說，情節還做作矯情（如試探愛情的假扮、故事一天之內發生完畢……等等）。這的確使人無法一開始就深入地去享受達彭特劇本創作的豐富層次。因此，我以戲劇分析的角度，再次重驗《女人皆如此》的人物與情節的設計，提出一個有別於道德說教式批評的觀點，來欣賞這部作品在設計上的內涵與精妙之處。

重審角色與情節

這齣戲在表現層次上，是由簡單到複雜到弔詭，由基本簡單元素的不斷變形與堆疊，產生出最後的高潮。為了表現這純然的基調，作者以最單調的設定展開此劇。

首先是人物的設定，一開場時的兩位「帥哥」古烈摩和費蘭多和兩位「少女」斐奧迪莉姬與朵拉貝拉，其單調程度可以說是「連體嬰」！同樣的思想、同樣行為和同樣的價值觀。甚至，將斐奧迪莉姬的台詞交給朵拉貝拉來講，或是將費蘭多的話讓古烈摩來說，也完全沒有問題，反正大部分的台詞都像是在呼口號；另外，他們的形象又極為扁平，可以化約成一種符號象徵，男的就是「榮譽」，女的就是「貞淑」。在中世紀有一種教育眾人宗教品格的劇種叫做「道德劇」，其中的角色就是以某種品行來命名，比如「忠誠」、「友誼」、「慈愛」……等等，所以角色只有一種表現可能，就是他所屬的那個名、那個品行。達彭特將人物塑造得好像「道德劇」的角色，暗示

《女人皆如此》的劇作家—羅倫佐·達彭特

著這些男女正是在封建口號式的思想澆灌下，所「成功培養」出來的性格人物。而作者也正藉由劇情的推展，讓角色們由連體嬰到分開獨立，由扁平的刻板性格到產生豐富的情感。

其次是情節的設定，阿豐索那突發奇想的考試計畫，雖然聽起來略嫌做作，但是，參考古希臘喜劇的創作原則，就可以發現，劇作家要批判一個社會現象，會讓劇中人有一個對社會現象有一個誇張的「解決方法」（戲劇術語稱為「妙念」），而整齣喜劇就是搬演劇中人去實行他所認為的那個想法。比如說，亞里斯多芬尼斯（Aristophanes, 448-385，希臘喜劇作家）要嘲諷希臘的詭辯術太過猖獗，所以他讓劇中主角的兒子去學哲學，為的是能夠「有口才」來對付債主。達彭特嘲諷人人都想試探愛人是否忠實，於是讓阿豐索提出一個「妙念」，他假設女人的心是浮動的，為了證明這一點，與男主角們合謀提供一場「兵變」的機會，來試探他們的愛人是否忠實。因為愛人的忠實代表男人的價值，也是一種「榮譽」。

最後是情感的設定，劇中女主角們的愛何等單純又盲目，雖然在男主角「出征」時，她們哀痛得多麼合乎身分，但是見到假扮後的愛人，居然一點都「認」不出來。

由這些設定出發，達彭特逐漸地將劇情複雜化，其中一共經歷了四次考試，而內容也在四次的考試中，推到最高潮。

初試：寂寞的挑戰

男主角「出征」之後，立刻裝扮成兩位阿爾巴尼亞的青年，由阿豐索帶去見兩位哀慟的女主角。他們心中盤算著，女孩們一定會因愛人的遠征而感到寂寞。遠來的陌生的帥哥，一定能激出她們的本性。

阿豐索小看了「道德教育」的力量，兩位青年不但沒有得逞，還被轟了出去，他們激情的追求換來激烈的抵抗和無情的辱罵。

斐奧迪莉姬和朵拉貝拉在初試高分過關。

複試：以善制善

阿豐索認為，要攻進女孩的心防就必須設立內奸，於是他說服了女僕黛絲碧娜，黛絲碧娜並不知道阿豐索的詭計，她只是單純地認為女孩不該為了男人守活寡，為了這個信念，她答應幫助阿豐索讓女孩們離開悲傷，享受青春應得的愛情生活，畢竟「有血有肉的女人就該及時行樂」。

在男士方面，他們有三重計畫，第一、為了表現愛情的高潔，在女孩們的眼前服毒殉情，並引發其罪惡感；第二、女孩一定會搶救他們，所以就讓女孩當他們的「救命恩人」，讓她們付出關心、同情心與憐憫心；第三、獲救後產生了一種經歷過生死的親和力，男子以報恩的姿態讚美、接近女孩，女孩也怕情況惡化而不敢推辭。

情感果真引發出來，加上婦人之仁、不忍拒絕，於是防線攻破。可是，內在的思想畢竟是經年累月的澱積，在最後一刻，兩女依然安全逃離。

斐奧迪莉姬和朵拉貝拉在複試「低空飛過」。

第三試：解釋系統

女孩的情感雖然流露出來，但思想仍然堅固，癥結在於缺少一個「合理化」的解釋系統。女僕黛絲碧娜這時提出的「快樂」觀點，正提供了她們接受追求的思想根據。

這時，兩姊妹發生「分離獨立」的現象，她們不再是連體嬰，斐奧迪莉姬的猶豫不決和朵拉貝拉的心意已定成了極大的對比。接著，黛絲碧娜提出一個既可約見兩位帥哥，又不會「引人非議」的方式，那就是讓那兩位帥哥以探望黛絲碧娜的名義拜訪，而不是兩位小姐，十分安全。

場景到了花園，兩位女孩和兩位青年約會，問題是，交換了伴侶！

斐奧迪莉姬和費蘭多，而朵拉貝拉和古烈摩。

朵拉貝拉由於心意已定，古烈摩很快就親吻到她，這時，古烈摩的情緒開始複雜，一邊扮演情人，另一方面為費蘭多的倒楣哀嘆。

斐奧迪莉姬即使也愛上費蘭多，但是她的情感仍和信念鬥爭，所以仍然拒絕了費蘭多。

斐奧迪莉姬和朵拉貝拉在第三試中，一人低分過關、一人中箭落馬。

最終試：尊嚴之戰

因為結果的不同，男士們也脫離了連體嬰的狀態，因為朵拉貝拉投懷送抱，而斐奧迪莉姬「堅守婦道」，霎時顯出古烈摩果然是「男人中的男人」，而費蘭多卻是「綠光高照」的可憐蟲。

是可忍，孰不可忍！

在古烈摩看似憐憫，實為得意的嘴臉之下，費蘭多一定要將斐奧迪莉姬追到手，才能有活下去的尊嚴。

於是，費蘭多抓住這一份內心的風霜、滄涼和荒蕪的心情，轉化成對斐奧迪莉姬愛的表白，語言是假的，情緒的痛苦卻是百分之百的真確，斐奧迪莉姬感受到真正的痛苦，卻也相信了謊言。終於……堅持許久的她……也不及格了。

最得意就屬阿豐索了，他的妙念在刻意運作之下，終於如願地搬演完成。在看到兩位男士痛苦的表情之後，他還一副道貌岸然的模樣，以憐憫的胸懷重申：「女人皆如此！」。他很得意，因為四個人的失敗，證明了他的優越。

但劇情並不就此打住，最後的身分表白是以一場「弔詭的婚禮」來表現。在婚禮即將舉行之際，軍隊突然回來了，男士換下外邦人的服飾，恢復原來的身分，兩位女主角則嚇得不知如何是好。對男方而言，雖是婚禮的場合，卻有行刑的心情；對女方而言，雖是重逢的時刻，卻有分離的靈魂。

設計精巧的劇本

在一天之內，他們經歷了分離、試探、變節……而最終結婚，但總算真相揭露，雙方在不知如何辯解的情況下，有了一個粉飾太平的合一，似乎處理男女的問題，只要歌頌愛情，即可跳過所有難堪的細節（至於在一天之內發生這麼多事究竟合不合理？只能說達彭特沿用法國新古典主義的傳統創作規則，以求戲劇的集中，即使犧牲了合理性）。

在重重抽絲剝繭下，我們可以看到達彭特的作品無論在批判觀點、情節設計、角色塑造……等等技巧，都是環扣緊密、設計精巧，也讓觀眾看到角色的成長與情感的交織，這和一般批評那「讀起來平庸而枯燥乏味」與「他們表達的思想和作出的行為，表明他們是庸人」等論斷是迥然不同的，對於劇作家也是非常不公平的。所以，我們更應該用戲劇的眼光來看待這個劇本的優點，並且了解它提供了莫札特多少表現豐富音樂情感的不同可能。

由《雷喬劇院內觀》畫中可以一窺莫札特時代的舞台設計
(Domenico Oliviero)

。 女人皆如此

把機會留給導演

簡文彬談《女人皆如此》的製作

文◎郭耿甫　音樂文字工作者

戲劇元素一直是 NSO 的歌劇系列主要焦點，
因為視覺元素原本就容易被關注，尤其在歌劇的劇場裡。
因此在這次的演出裡，
音樂總監簡文彬把舞台上的專業交給他所敬佩的導演賴聲川，
盡所能不讓導演有所保留或綁手綁腳。

讓觀眾「發現」音樂

問：NSO的歌劇系列在演出之前，戲劇的元素好像一直都是主要焦點，然而對因此而來的「觀眾」，如何延伸他們對音樂的「發現」？

答：我覺得很難，視覺元素原本就容易被關注，尤其在歌劇的劇場裡，要讓樂團及音樂被發覺，更是不容易，除非舞台上的呈現真的毫無可觀。要不就是要像華格納的歌劇一樣，即便舞台深深地遁了地，藏身在樂池裡，音樂上的鋪陳仍然讓樂團與舞台上的演出等量齊觀，雖然華格納覺得音樂是為了整體呈現而服務，但聽者仍會不由自主地為樂團所吸引。在莫札特時期那種夾雜大量宣敘調的結構底下，即便是音色再獨特的樂團，都很難讓觀眾「聽見」。

莫札特音樂的 Articulation

問：可以從詮釋兩百多年前的莫札特音樂的角度，談一談你與樂團需要什麼特別的準備，甚至是配器或音樂上的調整？

答：我覺得最費心的部分是所謂的"Articulation"，或許可以翻譯為「抑揚頓挫」，這不僅止於莫札特的音樂，甚至晚一點的貝里尼與唐尼采第的時期，對二十一世紀的我們而言，都有許多詮釋上的困難需要克服。受到浪漫派以來的音樂思潮的影響，演奏者對樂句與音符的詮釋越來越長，也越來越濃，交響樂團經常演奏的也是十九到二十世紀初的音樂，而十七、十八世紀的音樂卻是均衡、理智、精準、輕巧，因此必須一直不斷地提醒「要斷、要短、要輕」。

第二個問題是「速度」。音樂家的手稿可以說一直到了貝多芬才標示了所謂的節拍器速度，在他之前卻完全無所依據，作曲家心中的速度究竟為何，形成了許多討論，許多辯證的依據是一些表示速度的記號或術語，但這些依據經過了浪漫思潮的洗禮後，也是越來越浪漫——就是慢板越來越慢，快板則更快的趨勢。近年來有許多對莫札特速度的考據與推論，我也參考了許多，必要時並加入對劇情與歌詞的推敲。這種對音樂風格、處理上的鑽研與推敲，無論面對任何一種樂種，交響曲、協奏曲，甚至任何一個時期、任何一位作曲家時，都是少不了的基本功課。

從聲音特質來選擇歌手

問：延續一年前《唐喬望尼》，接下來的兩齣莫札特喜歌劇無論在幕前幕後都近乎「原

班人馬」呈現，這是在怎麼樣的考量下所決定的？當你選擇參與製作的歌手時，什麼又是你個人最看重的特質？

答：動機其實很簡單，我只是想要「重現」莫札特在創作與首演時的作法。如果審視當年留下來的演出史料，比較過名單，可以很容易地發現莫札特其實一再地選擇幾位「固定班底」，甚至也有不少的研究顯示，莫札特在譜寫的時候就是依著這些歌手的音色與音域等音樂能力來「量身訂做」，這樣的「巧合」甚至可以追溯到早期《後宮誘逃》以及《劇院經理》，甚至一直到《魔笛》。

　　我在維也納唸書時，有一位老師就以莫札特與達彭特的這段合作為題，出了一本書。我當時就萌生這樣的想法，剛好國內也有這群優秀的歌手，就想試著印證這樣的作法。

　　我個人甄選歌者的憑據還是在聲音上，倘若是導演，他或許就會從其他角度來切入，換作是歌劇院的老闆，又會有不同面向的考量。就我而言，可能就是單純地喜歡這個角色的聲音，旁人或許覺得這樣流於主觀，但我從一九九六年在德國工作至今，有許多從非音樂元素來決定歌手人選，而招致不好的結果的例子，因此我的考量還是回到原點，選擇我喜歡的、對的聲音。

把機會完全留給導演

問：再度與賴聲川導演合作，你印象最深刻，或是最愉悅的經驗是什麼？

答：我覺得每一次的過程都很愉悅，這真的不是客套話。我最高興的是，每一位我們邀請來的導演，都是竭盡他所有的心力。坦言之，即便在歐洲，「歌劇導演」的課程都是近年來才有的，我工作的歐洲歌劇院裡流傳著一個笑話：「誰是歌劇院裡最不專業的人？就是導演！」通常指揮、歌手、伴奏……都是出自音樂院，但歌劇導演卻通常是某戲劇系畢業，或者是首席演員，甚至指揮親自上陣，沒有專業培養科班出身。更遑論台灣沒有歌劇演出的常設機制，都是靠一些有興趣的團體，在行有餘力之下，偶一為之。

　　因此這些機會要完全留給他們，我一直將舞台上的專業交給導演，盡可能不去干涉。我寧可讓導演做過頭，而不要他們有所保留或綁手綁腳。同時，要佐以適切的溝通，因為這個過程中，必然會出現一些團隊當中的意見或衝突，但這些事情不該被看成阻力，因為這對雙方來說都會是一種學習，都會化成未來腳步上的「助力」。

　　也說不上為何，當初在全盤斟酌導演的名單時，「莫札特－賴聲川」之間彷彿有

種理所當然的連結。賴導叫我最讚歎的地方，就是他的細膩，我甚至敢說這些年在德國、義大利、維也納或其他各地與歌劇院工作，到目前為止沒有碰過比他更細膩的導演。他認真地去鑽研、咀嚼劇本的每字、每句與每一場景背後的文本。尤其莫札特與達彭特合作的這三齣喜歌劇，其文字份量十分龐大、可觀，這更顯出賴導的用心，也教我感動敬佩。賴導將這幾次與 NSO 的合作當作個人原創作品般對待，除了他之外，每一位合作過的導演也都是如此，我何德何能，能夠贏得這些導演們這樣地投入與看重啊！

在音樂廳「看見」歌劇

問：幾年下來，NSO歌劇系列從「構想」到一步步走來，一齣齣呈現，接下來呢？腳步將走向何方？

答：在這個過程裡，很多人問我為何不在劇院演出，這令我想到朱苔麗老師講了一段話：「其實對我來說，走進這樣的音樂廳會是一種驚喜！」通常觀眾走入音樂廳，心中所想的就是去「聽」音樂會，但今天走進來卻還「看」見這一切，她覺得是個 "Bonus"，完全超乎預期。

但話又說回來，我何嘗不想在歌劇院演出，也讓國內觀眾有機會去看到一個標準的歌劇院環境，可以隆重地有啟幕落幕，有樂池……但這牽涉太多因素，國家劇院要服務的表演藝術範疇太多了，近來沸沸揚揚的話題——檔期也是個關鍵。不過台灣北中南最近都有新歌劇院的完成計劃，相信這會讓國家劇院的檔期得到紓解，而我的心願也能早日實現。

不過我也不希望NSO被定型成為歌劇院附屬的交響樂團，甚至有「歌劇製作公司」的影子。我們仍是一個專業交響樂團，歌劇只是眾多樂種當中一個選項。我特別希望這個腳步能透過與國立中正文化中心的合作，共同投入製作。歌劇要關注的元素太多，從音樂上的分工到佈景、燈光、化妝、服裝等專業，在在都需要各個專業的齊心，也需要像兩廳院這般常設機構裡的各路好手來共襄盛舉，使NSO可以很單純地扮演好專業樂團的角色，而我當然也會義不容辭地貢獻自己在音樂上的專業，這是責無旁貸的。

我很想把「女」字拿掉

訪賴聲川談《女人皆如此》的導演概念

採訪整理◎鍾欣志
現就讀於國立台北藝術大學戲劇系博
士班，曾多次參與NSO的歌劇製作

訪談時間：二○○五年十一月十七、三十日
訪談地點：關渡藝大咖啡‧國家音樂廳排練場

「女人皆如此」這樣的一個劇名，
對我來講是「開個玩笑」，
而絕非一個沙文主義的象徵。
黛絲碧娜在戲裡也說：「男人都是這樣」，
可見它是一個平衡報導，
這是我要做的，
把「女」字去掉「人皆如此」。

我在為莫札特服務

問：首先請您說說這次《女人皆如此》歌劇製作的基本概念。

答：首先，我認為要克服這個任務的所有限制。其限制主要涵括兩方面，第一，歌劇在台灣是罕見的，不是常態，我們缺乏一個成熟的歌劇製作環境。也就是說，觀眾普遍缺乏對作品本身的瞭解，因此在導演想要作些指涉性的處理（reference to the work）之時，會因為缺乏這方面的支援，而很難玩出什麼變奏。我的任務就是忠實地呈現作品，讓台灣觀眾容易「進來」作品裡。比方說，之前《唐喬望尼》就額外安排兩個演員扮成一對原劇中不存在的夫妻，用這種看似前衛的手法，其實是為了引導觀眾更進入狀況。這對夫妻的角色設定，讓作品變得比較中性，也讓全劇處於一個中性的空間，不是義大利，也不是西班牙，而是「亞洲某個大都市的上流社會」。

第二個限制是，音樂廳的場地。這些年流行所謂的＂Semi-staged＂製作，可能是個性的關係，我討厭這個名詞，就像是在說：「很抱歉，我們沒有預算，所以只能做一半，意思意思……」這有點

賴聲川

像舞台劇的讀劇，但讀劇通常是不收門票的。"Semi-staged" 對觀眾是種侮辱，我不接受這樣的形式。進來觀賞《唐喬望尼》的觀眾會有一種不知身在何處的感覺，是音樂廳？還是劇場？這是那次演出的成功之處——「去掉了音樂廳的本質」。但為了求「劇」之「全」，將樂團擺到了最後面，而形成聲音的不完美，這也是我們必須要面對的。

　　這兩個限制依舊存在於此次的演出中，而我的態度跟上次《唐喬望尼》差不多。我是在為莫札特服務，還是要把《女人皆如此》忠實呈現給觀眾，讓他們進入莫札特。然後，我一樣把場地當作是劇場，雖然那裡的條件跟劇場相差十萬八千里——音樂廳的吊桿只有四根、沒有大幕、沒有任何側台、沒有樂池，樂團必須佔掉一大塊舞台……，但我們願意接受這個挑戰。《女人皆如此》是一齣只有六個人的戲，它的美就在於：即便在任何一個小舞台都能演出。近年來，一些劇場導演做這齣戲，空間設定基本上都很中性，雖然劇本上寫「海邊」等等，但不一定非這樣不可，《費加洛的婚禮》就麻煩些，一定要有森林、花園才能追跑，房間一定要有三個門和一扇窗戶。導演彼得謝勒（Peter Sellars）就曾把場景放到一個美國路邊餐廳（diner）那樣的地方。

情人之間，誰真的認識誰？

問：對於《女人皆如此》這樣一個宣稱「女人都很善變」的劇本，您面對它的態度又是什麼？

答：我曾看過歷史上對此劇的評論：「這部作品的音樂很美，劇本很……」我忘了它用什麼詞，但意思就是「很一般」。我的看法卻不同。我看到很多人掉進一個陷阱裡，這也是很多人做《唐喬望尼》時掉進的陷阱因為音樂這麼優美、順暢，因此只要把音樂做好就好了。我想，這麼做會忽視了一個很大的內心空間，戲也會因此而變得可笑。這個內心空間不是我捏造的，是劇本本身就賦予我們的。「女人皆如此」這樣的一個劇名，對我來講是「開個玩笑」，而絕非一個沙文主義的象徵。黛絲碧娜在戲裡也說：「男人都是這樣」，可見它是一個平衡報導，其實就在表達：「人皆如此」。這是我要做的，把「女」字去掉「人皆如此」。

劇中的兩位男士一點都不比兩位女士更高貴，不論情操、出身，或任何條件。所以，這齣戲揭露的是人在感情上的問題。我想，在變裝之後女生沒有認出男生，這就說明了「情人之間，誰真的認識誰？」

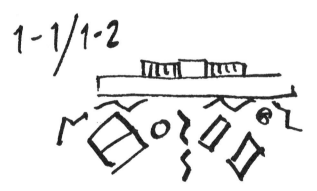

賴聲川手繪《女人皆如此》第一幕第一、二景舞台簡圖

我自己在《十三角關係》曾玩過這種變裝手法，有一些《女人皆如此》的製作將變裝這部分草率處理，一看就知道是穿幫的，我不知道他們為什麼敢這樣做。《十三角關係》至少是做了「合理性的不認得」，並有足夠的條件讓觀眾相信。簡而言之，我認為《女人皆如此》是在探討兩性之間的感情，還有人性的弱點。

現代的符號二〇年代的上海

問：根據目前的規劃，您打算怎麼處理這個作品呢？

答：這個戲，即使一個音符都不動，還是有很大的處理空間，尤其是下半場。如果說上半場有趣，我覺得下半場還真是陰暗，不但表現了人的弱點，也讓人看見了自己的弱點，只要仔細看每一句台詞，以及音樂上的處理就可以發現。當兩個女生發現自己錯了，她們所謂的「只願一死」並不是隨口說的，而是人對自己、對愛情的絕望到了一個極限。如果隨便處理，完成一個大團圓，那就太可惜了。關於這部分，我有些想法。

　　二〇〇六年六月要演出《費加洛的婚禮》，因此這兩齣劇的設計是相關連的。從歷史背景來說，我要把《費加洛》放在清朝末年的中國，然後順著這個理路下去，

賴聲川手繪《女人皆如此》第一幕第四景舞台簡圖

賴聲川手繪《女人皆如此》第二幕第二景舞台簡圖

《女人》就在二〇年代的上海比《如夢之夢》稍微早一點的時代就是已經徹底解放的時代。我會把第一場戲放在鴉片館，三個男生在抽鴉片，然後兩個女生在家裡作"SPA荂C這些現代的符號：「吸毒」和「養生」，可以反應他們的階級特色：有錢、有閒。

為什麼要放在一個中國的情境裡呢？因為戲裡的變裝太有意思了，一變可以變成外國人，就會出現東西方文化互相吸引的誤會，和一些文化衝擊的產物。男生從唐裝換到西裝，女生也可以在那個自由的時代由旗袍換洋裝，在這樣的變化中，我們可以看到一個民族個性的衝突。《費加洛》和《女人》可說是「解放前」與「解放後」，這裡所說的是「性」方面的解放。我覺得《女人》的徹底解放在於，兩姐妹不受家庭、戀愛對象的束縛，可以遵循她們的自由意志找尋伴侶，當然戲中也不會出現爸媽等角色。

另外值得討論的是，這次的六位歌手都曾與我合作過，我知道他們都很有能力，所以敢這樣做。還記得導演《唐喬望尼》，排練過後我一邊開車回家，一邊聽國外的CD，我真的覺得，我們的樂團、歌手絕對不會比他們差。國內歌手缺的只是經驗，畢竟在台灣演歌劇的機會並不多，看到他們在《唐喬望尼》首演後台拿著相機拍照，一看就知道是不常演出的樣子！不管怎麼說，這幾位歌手的實力都不容小覷，我們都希望這作品是拿得出去、可以四處巡迴的，所以如果《女人》還是照原劇本放在拿坡里的話，沒什麼太大意思，跟觀眾的距離也比較遠。換個角度來說，就因為我們有這些場地、經費的限制，所以可以試驗出一個精簡、容易巡迴的作品。

聆聽劇中的原始意義

問：目前看來，在這齣歌劇的導演工作上會有什麼挑戰或困難之處？

答：跟《唐喬望尼》一樣，作為一個歌劇導演，我需要一個特殊的排練本。歌手們和指揮都是拿樂譜，我雖然也可以看譜，但是聲樂譜的編排會讓導演感到困難。比方說在速度很快的六重唱時，根本來不及應對，而且譜上的留白也不夠讓我作筆記。歌劇腳本（libretto）也有其限制，當遇到音樂反覆的部分，它就會省略，只寫「......etc.」之類的，也不適合導演使用。於是我必須自己作一個導演本，才能掌握每句音樂進行的時候場上同時發生了什麼事。我舉兩個例子，第一個是第一幕第二景，二重唱接宣敘調的段落，我把兩姊妹的詞重組，然後加上我需要的輔助（見圖一）；第二個例子更明顯，是第一幕的終曲（Finale），所有人都有各自的唱詞（見圖二）。像這樣，我才能看到我作為一個導演需要看到的東西。

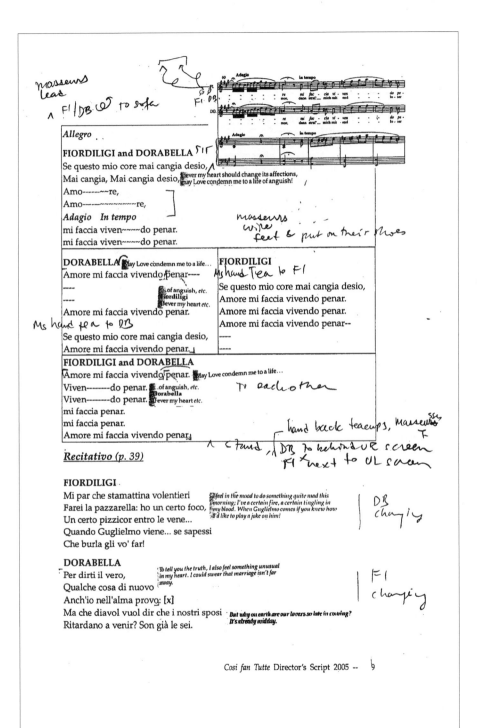

masseurs leave

∧ Fl/DB ⨂ to sofa

Fl DB

Allegro

FIORDILIGI and DORABELLA

Se questo mio core mai cangia desio, ∧ [If ever my heart should change its affections,]
Mai cangia, Mai cangia desio, [May Love condemn me to a life of anguish!]
Amo————re,
Amo————————re,

Adagio In tempo
mi faccia viven~~~~do penar.
mi faccia viven~~~~do penar.

masseurs wipe feet & put on their shoes

DORABELLA [May Love condemn me to a life...]	**FIORDILIGI**
Amore mi faccia vivendo penar————	*Ms hand Tea to Fl*
————	Se questo mio core mai cangia desio,
———— [...of anguish, *etc.*] **Fiordiligi** [If ever my heart *etc.*]	Amore mi faccia vivendo penar.
Amore mi faccia vivendo penar.	Amore mi faccia vivendo penar.
Ms hand tea to DB	Amore mi faccia vivendo penar——
Se questo mio core mai cangia desio,	————
Amore mi faccia vivendo penar.	————

FIORDILIGI and DORABELLA
Amore mi faccia vivendo penar. [May Love condemn me to a life...]
Viven————do penar. [...of anguish, *etc.*] **Dorabella** [If ever my heart *etc.*]   *To each other*
Viven————do penar.
mi faccia penar.
mi faccia penar.
Amore mi faccia vivendo penar.

hand back teacups, Masseurs SSL
∧ *C hand,* DB *to behind UR screen*
Fl *next to UL screen*

Recitativo (p. 39)

FIORDILIGI
Mi par che stamattina volentieri   [I feel in the mood to do something quite mad this
Farei la pazzarella: ho un certo foco,   morning; I've a certain fire, a certain tingling in
Un certo pizzicor entro le vene...   my blood. When Guglielmo comes if you knew how
Quando Guglielmo viene... se sapessi   I'd like to play a joke on him!]
Che burla gli vo' far!

DB *changing*

DORABELLA
Per dirti il vero,   [To tell you the truth, I also feel something unusual
Qualche cosa di nuovo   in my heart. I could swear that marriage isn't far
Anch'io nell'alma provo: [x]   away.]
Ma che diavol vuol dir che i nostri sposi   [But why on earth are our lovers so late in coming?
Ritardano a venir? Son già le sei.   It's already midday.]

Fl *changing*

DESPINA, DON ALFONSO, FERRANDO e GUGLIELMO (*sotto voce*)	FIORDILIGI E DORABELLA
⌐ Un quadretto *(sotto voce)* ...A more amusing picture... più giocondo⌐ Non si vide ...cannot be seen... in tutto il mondo il mondo; ...in *(all the)* world... Quel che più mi fa da ri—dere ...and what È quell'ira e quel furor. [x] ...makes me laugh the most, is all this rage and fury.	↙ ...desperate, poisoned... •Disperati, attossicati, Ite al diavol quanti siete; ...go to the devi Ite al diavol quanti siete; ...all of you... •Disperati, attossicati, you'll certainly Tardi inver vi pentirete regret it Se più cresce il mio furor! [x] if my rage grows any fiercer!

DESPINA	DON ALFONSO	FERRANDO	GUGLIELMO	FIORDILIGI	DORABELLA
Ch'io ben so che How well I know tanto foco ...that such passion Cangerassi in quel d'amor		Né vorrei che Nor would I wish tanto foco Terminasse in quel d'amor		Se più Cre—— If my rage grows any fiercer.	Tardi inver vi You'll certainly pentirete ...regret it Se più cresce, Se più ...if my rage grows any fiercer, etc.
...could change to the passion of love, etc. Cangerassi in quel d'amor. Si, cangera Si, cangera in quel d'amor	Cangerassi in quel d'amor ---- Ch'io ben so che tanto foco Cangerassi in quel d'amor	Né vorrei che Nor would I wish tanto foco such passion, etc. Terminas~~ ~~se in quel d'amor.	Terminasse in quel d'amor. Né vorrei che Nor would I wish tanto foco⌐ Terminasse in quel d'amor.	sce il mio furor! Se più cre---sce, Se più cresce, il mio furor!	sce il mio furor! Se cresce, il mio furor! Se cresce, il mio furor!
↱ Ch'io ben so che such passion ow well I know that such passion... tanto foco⌐ ...to end in the passion of love! etc. Cangerassi in quel d'amor⌐		Né vorrei che ← tanto foco	Né vorrei⌐che Terminasse in quel d'amor	Se più Cre-------	Tardi inver vi pentirete You'll certainly regret it... Se più cresce, Se più cre--- ...if my rage grows any fiercer
...could change to the passion of love, etc. Cangerassi in quel d'amor. Si, cangera Si, cangera in quel d'amor	Cangerassi in quel d'amor !How well I know that ...such passion, etc. Ch'io ben so che tanto foco⌐ Terminas~~ ~~se in quel d'amor	Nor would I wish such passion... Né vorrei che tanto foco⌐ Terminas~~ ~~se in quel d'amor⌐ ...to end in the passion of love, etc.	Terminasse in quel d'amor. Nor would I wish such passion... Né vorrei che Terminasse in quel d'amor⌐ ↴	sce il mio furor! Se più cre---sce, Se più cresce, il mio furor⌐	sce il mio furor! Se cresce, il mio furor! Se cresce, il mio furor! If my rage grows any fiercer, etc.

Cosi fan Tutte Director's Script 2005 -- 50

　　此外，我認為這齣戲最後要留下一個感覺，就是它的結局不是沒有問題的；就像莎士比亞的《仲夏夜之夢》，最後情人們是大團圓了，但是留下許多關於愛情的問題，而不是「從此過著幸福快樂的日子」這種樣板。相反地，這個劇本其實包含了許多灰暗的部分，即使最後大團圓了，也是被層層陰影所遮蓋的。要能做到這一點，就是得更仔細地研究劇本裡的每一句台詞，這也是我給自己的壓力，不是冠上一個我想聽的詮釋，而是聆聽它真正的原始意義。這戲真的不簡單，要是當作好玩就可惜了。

後記

十一月的最後一天，我走進《女人皆如此》的排練場。場上是第一幕第二場，斐奧迪莉姬和朵拉貝拉正在代用的道具椅上「翻來覆去」，嘗試各種享用家庭SPA的姿勢，看怎麼比較好唱，同時可以營造令人印象深刻的畫面。戲劇排練才開始不久，歌手們已經全部「丟本」，隨著導演的指揮，穿梭在假想的舞台佈景中。

排練過程中，賴老師不斷跟歌手和音樂顧問溝通他的想法，也帶領大家一一嘗試，有時候也會請教他們對歌詞的理解。因為音樂上做了刪減，如何銜接角色的情緒也需要仔細釐清。儘管在我的認知中，很多導演只是把這齣戲當作一個愛情遊戲，在它誕生的十八世紀有很多類似的舞台作品。於是，在這樣一部作品中去尋找「微言大義」，會不會有過度詮釋的危險呢？然而，許多獨樹一格的經典呈現，不正是創作者在別人認為沒啥稀奇的地方埋首鑽研得來的嗎？這些，就等待觀眾的評斷了吧！

六個角色‧六種挑戰

專訪《女人皆如此》六位聲樂家

文◎郭耿甫

《女人皆如此》就像一部「人聲室內樂」，
沒有任何一個角色可以輕鬆過關。
在導演賴聲川提升戲劇與音樂表演的說服力的「加持」下，
這一次參與演出的六名聲樂家對於自己的角色有什麼看法與期許？
請看聲樂家們的現身說法。

向男中音的極限挑戰

巫白玉璽 飾 古烈摩

　　參與這次《女人皆如此》演出的六名聲樂家全部參加過去年四月的《唐喬望尼》。對照其他歌手因為戲劇與音樂份量倍數放大而如臨大敵，上一回挑大樑的巫白玉璽倒在這方面稍稍減壓一些。但他笑說，或許音樂總監不願意輕易放過他，硬將這部歌劇經常被犧牲的一首古烈摩所唱，超高技巧詠嘆調給敗部復活了。這首〈別害羞，美麗的雙眸〉（Non siate ritrosi, occhietti vezzosi）首演版其實是莫札特為當時的超級歌手柏努茨（Francesco Benucci, 1745-1824）所量身訂作，哪知道柏努茨後繼之人卻力有未逮，音樂天才只好迫於事實，改寫了「精」、「簡」版，哪知道兩百五十年來，這首「超常加料版」被真正壓到了箱底，偶爾單獨出現在音樂會曲目之中。這次在音樂總監簡文彬的安排下，台灣聽眾得以見識蒙塵數百年的傳奇名曲，巫白玉璽也將肩負著這個向極限挑戰的超級任務。

　　在莫札特的時代，歌劇根本還沒有「男中音」的概念，巫白玉璽開玩笑地說，只有「比較沒有高音」的男高音，因此音域比較低的歌手通常都輪不到「多情種」的角色，不是演慈祥老爸、就是忠心僕人，甚至一些插科打諢的諧趣角色。這次雖然飾演大家閨秀的未婚夫，但卻滿口愛情經，不同於「男高音」式的悠揚抒情風格，而是以節奏輕快與口語化之制式說唱表現為主，也帶一點逗趣與心機。

　　在這段與所有人共同挖掘此劇的過程裡，巫白玉璽越來越清楚地體認到莫札特的偉大，也覺得結尾的大合唱歌詞像箴言雋語般不斷地浮出：「無論遭遇任何意外，總能找到理由互相排解。對那些讓人想哭的事，一笑置之；面對人世間的許多風浪，尋得美麗的寧靜。」

艱難的流暢

陳妍陵 飾 斐奧迪莉姬

　　陳妍陵是 NSO 歌劇系列中，少數有機會同時跟舞蹈界與劇場界「大師」密切合作的年輕女高音。談到與這兩位大師級導演的「音緣」，她覺得林懷民對音樂有獨特的觀察與感情，然而舞蹈大師卻沒有刻意在肢體上「雕塑」，而是期望歌手在一個充份舒服的狀態下演出。賴聲川也是一個下苦工的帶領者，莫札特是他最崇敬的作曲家之一，因此對於時空的大膽設定，其實是在戰戰兢兢考據後的創意。這次跟賴導與原班歌手人馬再次演繹莫札特，就像在莫札特時代的歌劇團，同一組人馬，一同巡迴，一路搬演不同的劇目，累積了彼此的默契。

　　普契尼的女高音曲目往往表現著人聲的戲劇張力，因此其困難度顯而易見；莫札特的音樂優美、典雅而流暢，但對於歌手來說卻是艱難的考驗。以陳妍陵所扮演的斐奧迪莉姬為例，經常有許多大跳音程（最大的有十三度音），所以通常會找音質厚實的歌手，來讓低音有份量，高音結實。然而這樣的歌手通常欠缺靈活與彈性，但莫札特偏偏又寫了許多快速的花腔音群，因此歌手必須像演奏樂器一樣地準確，要勝任這個角色，要有靈敏的聲腔調整。對陳妍陵而言，這次面臨的挑戰一點都不比獨挑大樑的《托斯卡》輕鬆。

　　戲劇詮釋上，陳妍陵覺得自己跟斐奧迪莉姬很像，雖偶有嘗試的好奇，但總會被禮教與道德感喚回。這齣劇對陳妍陵來說，不僅是在啟發、解放人性與感情的自由，更告諭人們不要去試煉脆弱的人性底線！

發掘角色的戲劇趣味

陳美玲 飾 朵拉貝拉

　　陳美玲曾經在二〇〇三年國台交的《女人皆如此》製作當中，演出姐姐「斐奧迪莉姬」的角色，她在貫常的優雅當中，稱職地完成傳說中女高音最怕的角色之一，而當時的演出也意外地讓人發現她其實有一點「冷面笑匠」的潛質。但在此次的製作中，陳美玲卻是要擔任朵拉貝拉的角色，唱過這兩姊妹的角色，她說：「對我個人而言，姐姐角色的主要挑戰是在音樂方面，也就是詮釋演唱的技巧上，這是對女高音的一大考驗；相形之下，演妹妹則要在戲劇角色的拿捏下功夫，不過我個人覺得妹妹是個『很好玩』的角色。」

　　達・彭特筆下兩姐妹原本都激烈地要守護愛情，然而誓言的堅貞卻在劇作家鋪排的一波波攻勢當中，先後「變節」。整體而言，兩姐妹的歷程近似，但我們在劇情推演中，很快地發現姐妹倆不同的人格特質與生命態度。而陳美玲所謂的「好玩」除了妹妹角色性格中的「天真爛漫」外，更多的其實是「狡獪」。她認為妹妹很懂得歡遊於危險邊緣，性格也有許多灰色地帶。對照之下，姐姐的角色與音樂直接一些，雖然心中也會有些許搖擺，但整體而言是執著的。有趣的是，難忍愛人遠行且一哭二鬧三上吊的是妹妹，但最早「變節」的也是她，她很快就發現了兩位異國男士的「趣味」，這未知的「甜頭」引著她去打開那個「潘朵拉的盒子」……

　　儘管對陳美玲個人而言，詮釋妹妹的樂趣與挑戰主要是在於戲劇的元素，但作曲家顯然不可能在這齣如「人聲室內樂」的劇中，讓任何一個角色可以輕鬆過關。雖然通常姐妹倆的角色都是由女高音來擔任，但妹妹卻經常要在中音域裡翻轉，這對能在高音域中靈活自在的女高音來說，其實是一項技術性的挑戰。另一個細微差異在於，姊姊的樂句綿長，且有較多的持續音，恰可呼應她較為堅韌與固執的特質，相對於妹妹的「變化」，女高音中音域的音色似乎也傳達著人性當中的「灰色地帶」。而姊妹倆的重唱，亦是一個可以玩味的安排，第一幕通常由姐姐領頭，但到了「變節」的第二幕，妹妹則似乎反過來帶領姊姊步步邁向「歧途」。看來這真會是個可以在舞台上玩得開心、唱得過癮的角色，加上再次與賴聲川導演及《唐喬望尼》原班人馬的默契晉級演出，陳美玲「冷面笑匠」的潛質將如何融入朵拉貝拉，令人期待。

沿著懸崖爬山登頂

洪宜德 飾 費蘭多

　　還在服役的洪宜德讓這次的製作多了不少排練上的難度。洪宜德給人的第一印象其實跟《唐喬望尼》裡的「奧塔維歐」（Ottavio）相去不遠，彬彬有禮且謙虛溫文。國內許多愛樂者大概都是在去年的NSO《唐喬望尼》的舞台上，才真正領教這位客氣地以「新秀」自居的男高音，其令人驚豔的聲音。

　　費蘭多是許多男高音得謹慎應戰的「考試項目」，高音當然是個難度，但也同時挑戰歌手的耐力。另一個唯有歌手才能感受到的困難，就是莫札特寫給費蘭多的詠唱調，幾乎都游移在男高音的換聲區之間，這彷彿就像爬山登頂前沿著懸崖邊走，不能有一分一毫的閃失。洪宜德笑著說，他會繼續在部隊的一片銅管聲中繼續練唱，然而他也特別要感謝「音樂顧問」雷哈德林登（Reinhard Linden）的協助。林登嚴格地要求發音與風格表情上的一字一句，但也同時給予最大的信心鼓舞，與不厭其煩地引導。

　　洪宜德特別期許這次與原班人馬的合作，也期待接下來的戲劇排練，不但可以與賴聲川導演有更深一層的學習，對角色與故事也有更上一層樓的詮釋。對洪宜德而言，這次在《女人皆如此》裡要扮演「熱血青年」費蘭多，是一個不小的突破。雖然比起劇中好友古烈摩，這個角色的本性雖然較為「忠厚老實」，但變裝之後要展開凌厲的引誘攻勢，也要施展「男性魅力」，對未婚妻的姐姐斐奧迪莉姬上下其手，這露骨的演出，讓洪宜德靦腆地笑說：「也許會讓我從此變得不同！」此次演出的其他歌手們也都看好洪宜德的敏銳悟性與超強學習力，加上他最大的本錢——年輕，定會讓人「耳目一新」。

導演提升戲劇與音樂表演的說服力

蔡文浩 飾 阿豐索先生

在《女人皆如此》的原譜當中，歌曲編號多達三十一號，而蔡文浩飾演的阿豐索，光是進出場便有二十九次，這讓旅居英國的蔡文浩在回來前就得閉關苦練。過足戲癮的同時，也是音樂與體力上的馬拉松。

蔡文浩飾演這位人生閱歷豐富的哲學家，是個操弄故事情節的「幕後黑手」，更是青年男女「戀愛學校」（本劇的另一個名字）的指導教授，蔡文浩相當期待儘快回台接受賴聲川導演的「加持」。第一次的合作經驗，讓他覺得賴導不但尊重歌手音樂上的發揮，也提供戲劇觀點跟演出者一同討論。尤其在文字表層與跳躍情境之外，賴導將隱藏意涵深化與心理、戲劇的脈絡串連，同時提升戲劇與音樂表演的說服力，讓歌手演得理直，唱得氣壯。

蔡文浩也參與過林懷民所導演的《托斯卡》，對於NSO的歌劇系列經常設定現代或是台灣背景的作法，他認為這種加入觀眾熟悉元素的方式，能提供觀眾較能理解的時空，也是西方歌劇劇場近年來的風潮，一方面讓初接觸歌劇的觀眾能有較為親切的介面進入歌劇世界，另一方面也讓熟悉這些音樂的觀眾能有新的體驗與不同的感受。即將呈現於大家眼前的《女人皆如此》民初上海版，讓蔡文浩充滿了期待。

遊戲於音符間的古典饒舌歌

羅明芳 飾 黛絲碧娜

相信看過一年前《唐喬望尼》的觀眾，一定對羅明芳那次在舞台上自在揮灑的演出印象深刻。因此在不知原班人馬會再度攜手的情況下，會讓人不自覺地大膽猜測《女人皆如此》的女僕角色應該非羅明芳莫屬吧！

女僕黛絲碧娜堪稱是個「大女人主義」的信仰者，羅明芳覺得由此可看見她對男女關係的「豁達」與「勇敢」，但她深信黛絲碧娜定有一些「不為人知」的過去，或是檯面下的不堪，才讓她歷練成如此開放的人生觀，以及超乎常人的求生技能，也超越了一位女僕的身分，在劇中扮演關鍵性的角色。

問到每一位歌手們與賴聲川導演再度合作歌劇的期待，大家都充份肯定賴導的「用功」，羅明芳精練地說道：「跟賴導合作，像是跟一個文人合作。」她眼睛晶亮亮地停頓了好一會兒，才徐徐地說：「賴導演相當考究時代背景，他會去鑽研故事內容，試圖弄懂每句台詞。」同時，羅明芳特別肯定「音樂顧問」林登從音樂、文學的觀點來詮釋角色，讓歌手在「音樂排練」的階段，就能有一個正確的入戲角度。

很少有歌劇的主要女角都是女高音，問到莫札特給予這個「奇女子」的音樂難題，羅明芳認為主要的挑戰來自於劇中黛絲碧娜滔滔不絕「大女人主義」的開示，還有對眾人搬出似是而非的歪理，莫札特順著劇本，給了黛絲碧娜喋喋不休的「古典饒舌歌」，雖說羅明芳輕女高音的本色，早練就了靈巧的音符遊戲能力。但或許為了烘托她所服侍的是一對「大小姐」，莫札特寫給黛絲碧娜的音域是三位女角中最低的，亦增添了不少音樂上的困難度。

除此之外，羅明芳覺得她不是只演「一個角色」，而像是一人分飾三角，在音樂與戲劇上都相當吃重，這對於很早就接觸劇場的羅明芳來說，是一次過足戲癮與歌癮的好機會。排練場裡，聽到她「化聲」為第二幕最後的「證婚人」的表現，禁不住也想知道第一幕反串「醫生」的角色，又會是怎麼樣的聲音面貌？羅明芳嘴角淺淺揚起，神秘地說：「保密，咱們劇院舞台上揭曉！」

從莫札特十三歲起寫作生平第一齣正式的歌劇以來,他最看重的除了劇本之外,就是「音樂是否能夠忠實地表現劇中人性」。(Joseph Lange, c.1789)

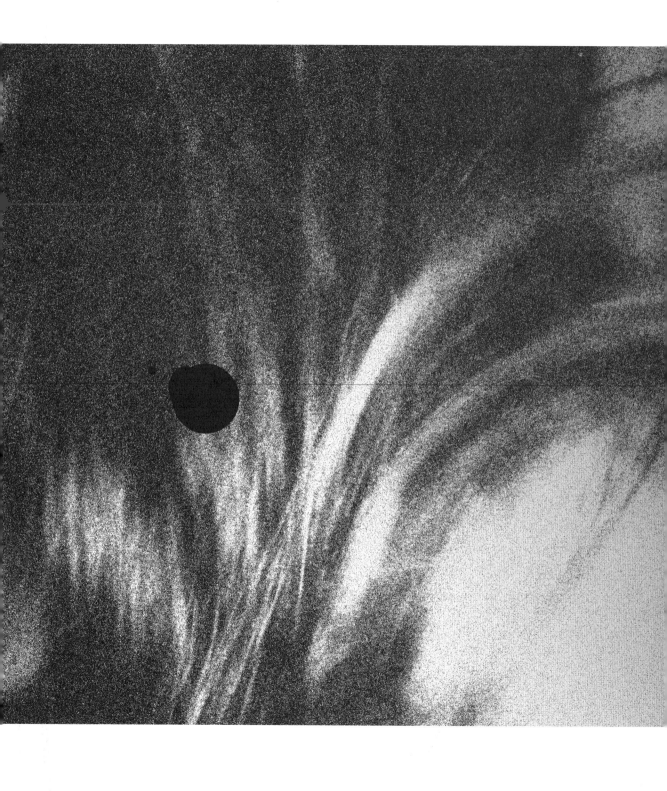

。　　女男男女的愛情遊戲

《女人皆如此》

劇與音樂

文◎車炎江　聲樂家，台北藝術大學音樂學博士生

劇本　達彭特（Lorenzo da Ponte）
音樂　莫札特（Wolfgang Amadeus Mozart）
首演　一七九〇年一月二十六日，維也納─布爾克劇院(Burgtheater)

劇中人物簡介
斐奧迪莉姬（Fiordiligi）─貴族出身，朵拉貝拉的姊姊（女高音）
朵拉貝拉（Dorabella）─斐奧迪莉姬的妹妹（女高音）
黛絲碧娜（Despina）─兩姊妹的女僕（女高音）
費蘭多（Ferrando）─軍官，與朵拉貝拉已有婚約（男高音）
古烈摩（Guglielmo）─軍官，與斐奧迪莉姬已有婚約（男中音）
阿豐索先生（Don Alfonso）─年長的哲學家（男低音）

本事

第一幕

　　悲觀、喜歡冷潮熱諷的老哲學家阿豐索先生，對兩位年輕朋友──費蘭多與古烈摩──宣稱：沒有一位女人是靠得住的，這對他們兩人可敬的未婚妻──也就是兩位有錢貴族的姊妹──斐奧迪莉姬與朵拉貝拉的貞節簡直是莫大的侮辱。費蘭多與古烈摩對心上人無端受到這種誹謗，怒不可遏，於是一氣之下兩人接受阿豐索的賭局以證明兩姊妹的清白，條件是在一天之內兩人必須完全順從阿豐索的安排，以證明他老人家的理論是否為真，代價是一百個金幣。於是阿豐索立即想辦法向兩姊妹放出假消息：費蘭多與古烈摩受軍隊召集入伍，必須即刻離開，安排了群眾歡送、兩姊妹依依不捨地目送未婚夫們登船遠行。女僕黛絲碧娜，看著失魂落魄、傷心難過的兩姊妹，就安慰她們：全天下的男人都是一樣，一點都不需要為他們感到悲傷。阿豐索為了這項人性測驗計劃能夠順利完成，以金錢拉攏黛絲碧娜，以獲得她的協助，將費蘭多與古烈摩假扮的兩位外國貴公子，介紹給兩位小姐。由於黛絲碧娜認不得偽裝後的費蘭多與古烈摩，使得三位男士信

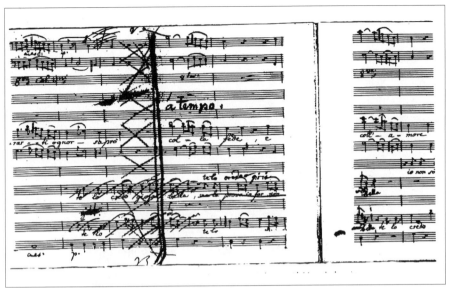

莫札特煞費苦心地安排各種聲音的組合，是因為他深刻了解人的聲音特質，並以此來呼應角色的性格特質。（《女人皆如此》第二幕編號三十的樂譜手稿，第 556-561 小節）

心大增。但是，當斐奧迪莉姬與朵拉貝拉被引介給兩位闖入家中的假外國人時，相當生氣地命令他們立刻離開。見計不成，兩位男士立刻面露絕望之情、假意喝下毒藥自盡；這令兩位姊妹不再鐵石心腸。此時，黛絲碧娜假扮醫生，以大磁鐵進行磁石療法，使得裝死的兩位男士「死而復生」。兩位男士重新展開柔情追求攻擊，但仍遭兩姊妹嚴詞拒絕。

第二幕

　　由於黛絲碧娜嘲諷了斐奧迪莉姬與朵拉貝拉兩姊妹的貞操觀念，使得兩姊妹，特別是妹妹朵拉貝拉開始動心，認為與對方玩玩並無大礙。於是朵拉貝拉挑選了假扮後的古烈摩，姊妹則挑了費蘭多。在阿豐索與黛絲碧娜的穿針引線之下，交換伴侶後的兩對情侶分別於花園中散步談心。古烈摩先贏得朵拉貝拉的愛，並且以金質心形項鍊作為贈禮，換得她隨身攜帶的費蘭多肖像。但是，斐奧迪莉姬則拒絕費蘭多的示愛，並且換上軍服，下定決心趕赴前線、潛入軍中，欲與心上人相會。費蘭多得知朵拉貝拉的變心，在不甘遭棄的情形下，對斐奧迪莉姬使出最後殺手鐧——以自盡相脅，斐奧迪莉姬因此不得不屈服費蘭多的求愛。兩位男士都得到對方未婚妻變心的證據，眼見永恆的誓言已經破滅，但阿豐索向他們保證最後一定會為兩對情侶重修舊好。阿豐索的計謀就是：他先為兩對交換情侶舉辦假婚禮，由黛絲碧娜反串假扮證婚人；但是

在婚禮進行過程中，軍樂響起，費蘭多與古烈摩就要回來了，使得婚禮現場一陣混亂。不多久，費蘭多與古烈摩身著軍服，以原來的樣貌出現在兩姊妹面前，並稱是因為獲得特殊恩典，於是返鄉與自己的心上人成親。由於現場發現許多不利於兩姊妹的變心證據，費蘭多與古烈摩假意發怒，兩姊妹將所有過錯歸給黛絲碧娜與阿豐索。最後，真相大白，費蘭多與古烈摩揭露自己假扮外國人的身分，並且繳回定情之物；此時阿豐索出面緩頰，由於他的勸慰，兩對情侶破鏡重圓，重新堅定彼此的情意，全劇在一團和樂的氣氛下收場。

《女人皆如此》1790 年 1 月 26 日在維也納布爾克劇院首演的節目單

寫在劇本之前

關於音樂

　　《女人皆如此》應該算得上是莫札特所有的歌劇作品之中，宣敘調最多、最長的一齣歌劇。重要的戲劇情節大多在宣敘調之中進行、表演、或預埋伏筆。倘若觀眾不諳義大利文，仗著音樂廳現場即時的中文字幕對譯，或許還能夠跟上不成問題；但是，如果演員弄不清楚自己在宣敘調中的每一句對白，在語氣上、表演上，就難以傳神地表達出劇情的精妙之處，套句中國曲藝界的行話，就是「包袱兒抖不響」，那麼這齣歌劇演出就不精采了。而這正是影響莫札特喜歌劇《女人皆如此》演出成敗的重

要關鍵之一，這樣的音樂表演對於六位主角都是相當嚴峻而現實的考驗。

從《女人皆如此》全劇各式各樣組合的獨唱、重唱曲中，我們可以清楚看到莫札特對於人聲表現有著「超高標準」的要求。首先，他明顯地在本劇音樂中企圖將人的聲音視為精準的演奏樂器。然而他要面對的第一個難題，就是人的聲音由於沒有按孔、活塞、鍵盤、踏板或琴格……等控制聲音的機制，所以雖然可以演唱以自然音階為基礎的旋律，卻難以不藉任何輔助、精準地演唱分解和弦的琶音音型、或其他較為特殊的音程等。但是，莫札特對於人聲的性能與極限，有他自己不凡的見解：他藉由樂團的輔助來支持人的聲音，讓人也能夠演唱出宛如器樂演奏一般輕而易舉的遠距離跳進音程、曼汗樂派（Mannheim School）管弦樂法的火箭音型……等。以下編號第十四首、斐奧迪莉姬的詠嘆調〈宛若磐石〉（Come scoglio），就是個明顯的例子，請注意旋律中超乎尋常的十三度大跳音程、超過兩個八度的旋律音域、以及降B大調I級的上行琶音音型與樂團伴奏之間的主從關係。

延續上述對於人聲的超高標準要求，莫札特還要演唱者以準確的技術、一同演唱繁複的平行三度旋律，這與室內樂組合的音樂風格相當類似。例如編號第四首、斐奧迪莉姬與朵拉貝拉的二重唱，這種組合相當類似巴羅克時期的三重奏鳴曲（Trio Sonata）或是由雙高音樂器主奏的協奏曲。

莫札特煞費苦心地安排各種聲音的組合，是因為他深刻了解人的聲音特質，並以聲音特質來呼應角色的性格特質。在本劇中，三位女性主角（斐奧迪莉姬、朵拉貝拉與黛絲碧娜）都是由女高音擔任，然而這三位女高音的聲音特質完全不同：斐奧迪莉姬的聲區音域寬廣、聲音持續力極強、要求精準的演唱技巧，與她貴族的精緻身分、堅毅的個性相符；朵拉貝拉音域較適中，反應她中庸而天真的心思；黛絲碧娜靈巧的音型、偏高的音域、連珠炮似的饒舌歌曲，代表她年輕的聲音與精明機巧的心思。莫札特為這三種女高音分別量身打造了三種不同風格的獨唱曲。莫札特對於男性聲音的性能亦多有挑戰，三位男士則分別為年輕人費蘭多的男高音、古烈摩的男中音，與上了年紀的哲學家阿豐索的男低音。其中，費蘭多一角更是許多抒情男高音演唱家的試金石之一，而由於這些曲目對於男高音的體力、耐力、持續力都是要求極高的考驗，罕見有演唱家願意將費蘭多如此動聽的曲目放入男高音獨唱會的演唱曲目之中。

順道一提，莫札特從自己的聖樂傑作《加冕彌撒》（Krönungs-Messe in C, KV

317）之中，借用了女高音獨唱的旋律片段，用在他《女人皆如此》與《費加洛婚禮》兩部喜歌劇作品之中。其中〈垂憐經〉（Kyrie）的女高音獨唱，用於《女人皆如此》的第十四首詠唱調進入快板的前四小節主題；而《加冕彌撒》末尾〈羔羊經〉（Agnus Dei）的女高音獨唱，則用於《費加洛婚禮》編號十九首的伯爵夫人著名獨唱曲〈Dove sono〉。這種聖樂、與世俗音樂互通有無的例子，在十八世紀可說是相當普遍的現象。

關於劇本

達彭特精研拉丁文、古希臘戲劇作品，學識廣博。劇本中常見他「抖書袋」，引用許多經典古籍中的人事物作比喻，若不知道典故的來龍去脈，就很難理解引用典故的用意以及背後指涉的隱喻。另外，若非熟悉義大利文、了解他所用的雙關語含意，也很難感受劇本字裡行間的趣味。

由於達彭特的劇本原先就相當長，當莫札特將它譜成音樂之後，全劇進行的時間也就相對地變得更久。所以，為避免過多冗長而無意義的細節，減低觀眾的耐性，大部份歌劇導演在處理《女人皆如此》這部歌劇時，常常會依劇情主要的發展內容為主軸，而將其它較瑣碎的枝節部份（包括部份宣敘調對白、以及少數歌曲）略作刪減與調整。本文文末所附的義中對照劇本是原先完整的版本，特此說明。

古烈摩這個名字，實際上就是英文的威廉（William），現代常見的義大利文拼法是Guglielmo，但在達彭特原先的劇本中，古烈摩拼作Guilelmo，在此提供讀者參考。以下劇本，古烈摩均改採現代較常見的拼法。

序曲
（2/2拍，C大調）

莫札特曾在一七八六年推出他的第一齣著名義大利喜歌劇《費加洛婚禮》（*Le Nozze di Figaro*, 1786），其中第一幕第七首的三重唱，音樂教師巴西里歐（Basilio）以嘲諷的口吻、對公爵與蘇珊娜兩人唱道：「全天下的美女都是一樣的」（Così fan tutte le belle）。這段充滿揶揄的對白，與他後來一七九○年的第三齣喜歌劇《女人皆如此》劇名之間，似乎有某種暗渡陳倉的微妙關係。而《女人皆如此》序曲的音樂素材，也因此免不了和《費加洛婚禮》產生聯想，以下就是這兩段音樂旋律的譜例，可以看到在不同調性上幾乎相同的高音旋律線：

《費加洛婚禮》第一幕第七首巴西里歐的唱段

《女人皆如此》序曲，93-95 小節

全曲由簡短的十四小節行板（Andante）導奏開始，其中放進整齣歌劇最重要的「女人皆如此」主題，亦即根音三度下行、外加 V 級到 I 級的調性終止：1-6-4-5-1 的進行模式。該主題取自下半場編號三十首最後兩句唱段，由阿豐索先生領唱、兩位男士費蘭多與古烈摩一同複誦「女人皆如此」（Così fan tutte）所形成的一次弱奏、一次強奏樂句。

緊接著進入急板（Presto）。序曲急板的第一段主題，選自第一幕終曲、兩姊妹拒吻後盛怒之下的簡短唱段。莫札特在此藉由輪旋曲式（Rondo form）的精神與形式，以巧妙手法引用數段簡短的音樂段落作為主題，並且將它們緊密地交織在一起。透過大小調性轉換時的巧妙銜接、主奏樂器的音色對比與力度對比……等技巧，莫札特凸顯出主題快速交替的趣味性。有趣的是，輪旋曲式常見於十八世紀器樂協奏曲（Concerto）或奏鳴曲（Sonata）的結尾快速樂章之中，但莫札特不僅將輪旋曲式用在這部歌劇的序曲，也套用於劇中數首詠嘆調之中，例如編號第十五、二十五、二十六、二十八首，這幾首恰好都是演唱角色偏重長篇大論的獨唱曲，演唱者是否能夠在這種曲式中，將豐富多樣的音樂內容與戲劇性的對比變化發揮得淋漓盡致，值得聽眾留意。

中譯歌詞對照與註解

提供◎上揚唱片，編譯◎湯慧茹，校對◎車炎江

ATTO PRIMO

SCENA PRIMA — Bottega di caffè.
Ferrando, Don Alfonso e Guglielmo

No. 1 Terzetto

FERRANDO
La mia Dorabella capace non è:
Fedel quanto bella il cielo la fè.

GUGLIELMO
La mia Fiordiligi tradirmi non sa:
Uguale in lei credo costanza e beltà.

DON ALFONSO
Ho i crini già grigi, ex cathedra parlo;
Ma tali litigi finiscano qua.

FERRANDO e GUGLIELMO
No, detto ci avete che infide esser ponno:
Provar ce'l dovete, se avete onestà.

DON ALFONSO
Tai prove lasciamo...

FERRANDO e GUGLIELMO
(Metton mano alla spada.)
No, no, le vogliamo:
O, fuori la spada,
Rompiam l'amistà.

DON ALFONSO (fra sè)
O pazzo desire!
Cercar di scoprire quel mal che, trovato,
Meschini ci fa.

FERRANDO e GUGLIELMO (fra sè)
Sul vivo mi tocca
Chi lascia di bocca sortire un accento
Che torto le fa.

第一幕

第一場（在拿坡里的一家咖啡店中。
費蘭多、阿豐索和古烈摩）

第一首　三重唱

費蘭多：
我的朵拉貝拉絕不會亂來；
上帝賜予她美麗與眞誠。

古烈摩：
我的斐奧迪莉姬也絕不會背叛；
她的美貌如同她的堅貞。

阿豐索：
我白髮蒼蒼，夠資格說話，
現在暫且停止那些無意義的爭辯吧。

費蘭多、古烈摩：
不，你曾說她們是不可靠的；
如果你還算老實請證明這些話。

阿豐索：
算了！別去證明吧！

費蘭多、古烈摩：
（手扶在劍把上）
不，我們一定要，
不然我們到外面以武力解決，
從此友誼一刀兩斷。

阿豐索：（自言自語）
多麼瘋狂的舉動啊！
一旦我揭發了女人的眞面目，
他們將後悔莫及。

費蘭多、古烈摩：（自言自語）
誰膽敢胡言亂語
說她的不是，
讓她受冤屈。

Recitativo secco

GUGLIELMO
Fuor la spada!
Scegliete qual di noi più vi piace.

DON ALFONSO (placido)
Io son uomo di pace,
E duelli non fo, se non a mensa.

FERRANDO
O battervi, o dir subito perchè d'infedeltà
Le nostre amanti sospettate capaci!

DON ALFONSO
Cara semplicità, quanto mi piaci!

FERRANDO
Cessate di scherzar, o giuro al cielo!...

DON ALFONSO
Ed io, giuro alla terra,
Non scherzo, amici miei.
Solo saper vorrei che razza d'animali
Son queste vostre belle,
Se han come tutti noi carne, ossa, e pelle,
Se mangian come noi, se veston gonne,
Alfin, se Dee, se donne son...

FERRANDO e GUGLIELMO
Son donne,
Ma... son tali... son tali...

DON ALFONSO
E in donne pretendete di trovar fedeltà?
Quanto mi piaci mai, semplicità!

No. 2 Terzetto

DON ALFONSO (scherzando)
È la fede delle femmine
Come l'araba fenice:
Che vi sia, ciascun lo dice,
Dove sia, nessun lo sa.

FERRANDO (con fuoco)
La fenice è Dorabella!

宣敘調

古烈摩：
抽出你的劍吧！
選擇我們其中之一與你決鬥。

阿豐索：（冷靜地）
我是個愛好和平的君子，
除了上飯桌外，絕不與人決鬥。

費蘭多：
拔劍決鬥，否則馬上告訴我們為何，
你懷疑我們的愛人不忠！

阿豐索：
你們單純又可愛，實在令人喜愛！

費蘭多：
請停止你的玩笑，或者對天發誓…

阿豐索：
我可以對天發誓，
朋友們，不是開玩笑。
你們一定要瞭解：那些美麗的女人
也是動物一族，
她們和我們一樣是血肉之軀，
也要吃吃喝喝；但女人畢竟還是女人，
她們穿裙子、生性愛美，她們…

費蘭多、古烈摩：
好啦！女人就是如此…
但是，這樣…這樣…

阿豐索：
難道真要證明女人的忠誠麼？
我多麼喜歡你們的純真啊！

第二首　三重唱

阿豐索：（開玩笑地）
女性的忠誠
就像阿拉伯的鳳凰一樣：
大家都說牠確實存在，
但卻沒有人知道牠身在何處。

費蘭多：（生氣）
朵拉貝拉就是阿拉伯的鳳凰！

阿拉伯的鳳凰（l'araba fenice），渾身上下充滿鮮豔美麗的色彩：全身通紅、水藍的眼睛、紫色的腳、還有五彩繽紛的翅膀。牠

GUGLIELMO (con fuoco)
La fenice è Fiordiligi!
DON ALFONSO
Non è questa, non è quella:
Non fu mai, non vi sarà.

Recitativo secco

FERRANDO
Scioccherie di Poeti!

GUGLIELMO
Scempiaggini di vecchi!

DON ALFONSO
Or bene, udite, ma senza andar in collera:
Qual prova avete voi, che ognor costanti
Vi sien le vostre amanti;
Chi vi fè sicurtà, che invariabili
Sono i lor cori?

FERRANDO
Lunga esperienza...

GUGLIELMO
Nobil educazion...

FERRANDO
Pensar sublime...

GUGLIELMO
Analogia d'umor...

FERRANDO
Disinteresse...

GUGLIELMO
Immutabil carattere...

FERRANDO
Promesse...

GUGLIELMO
Proteste...

FERRANDO
Giuramenti...

古烈摩：（生氣）
斐奧迪莉姬才是阿拉伯的鳳凰！
阿豐索：
並非比喻她們兩位，既然鳳凰不存在，
當然沒有談論忠誠的必要。

宣敘調

費蘭多：
簡直是無稽之談！

古烈摩：
眞是老糊塗！

阿豐索：
現在，你們好好聽著，但千萬別動肝火：
你們有什麼證據，
足以證明你們的愛人會永遠眞心待你？
你們何以確信她們的心
能有不變的忠誠？

費蘭多：
根據我們長久的經驗…

古烈摩：
她們受過高等教育…

費蘭多：
她們有崇高的思想…

古烈摩：
容易相處…

費蘭多：
純潔無瑕…

古烈摩：
她們有堅定不移的個性…

費蘭多：
我有她的承諾…

古烈摩：
而我有她的保證…

費蘭多：
我們山盟海誓…

的家就在四季恆春的東方國度。鳳凰住在那裏一千年後，牠會在生命將盡之前，向西飛到阿拉伯蒐集香料，爾後將香料帶到腓尼基的海岸、築巢、然後開始在巢中吟唱牠的死亡之歌。其歌聲美妙的程度，就連太陽都會爲之停駐。受到太陽直射之後，鳳凰的巢就會因高溫而燃燒，將鳳凰與整個巢一同化爲灰燼；而新的鳳凰就從灰燼當中誕生。
這麼神奇的動物只存在於阿拉伯神話古老傳說之中，從沒人親眼見過，阿豐索先生借用這個神話傳奇，來影射女人的貞潔一向都是有名無實。

DON ALFONSO
Pianti, sospir, carezze, svenimenti.
Lasciatemi un po' rìdere...

FERRANDO
Cospetto!
Finite di deriderci?

DON ALFONSO
Pian piano:
E se toccar con mano
Oggi vi fo che come l'altre sono?

GUGLIELMO
Non si può dar!

FERRANDO
Non è!

DON ALFONSO
Giochiam!

FERRANDO
Giochiamo!

DON ALFONSO
Cento zecchini.

GUGLIELMO
E mille, se volete.

DON ALFONSO
Parola...

FERRANDO
Parolissima.

DON ALFONSO
E un cenno, un motto, un gesto,
Giurate, di non far di tutto questo
Alle vostre Penelopi.

FERRANDO
Giuriamo.

DON ALFONSO
Da soldati d'onore.

阿豐索：
她們的淚水、嘆息、愛撫、頭暈。
這些女人的招術…讓我笑一下吧…

費蘭多：
天啊！
你在嘲笑我們嗎？

阿豐索：
等一下，
如果今天我能向你們
證明她們與別的女人無異呢？

古烈摩：
你做不到！

費蘭多：
對！

阿豐索：
我們下個賭注！

費蘭多：
好！打個賭！

阿豐索：
一百個金幣。

古烈摩：
如果你願意的話，一千個也可以。

阿豐索：
就這麼說定了…

費蘭多：
說定了。

阿豐索：
你們發誓將不會對你們的「貞節烈女」
透露任何一句話、
作任何暗示或手語。

費蘭多：
我們發誓。

阿豐索：
以軍人的榮譽發誓。

GUGLIELMO
Da soldati d'onore.

DON ALFONSO
E tutto quel farete ch'io vi dirò di far.

FERRANDO
Tutto!

GUGLIELMO
Tuttissimo!

DON ALFONSO
Bravissimi!

FERRANDO e GUGLIELMO
Bravissimo, Signor Don Alfonsetto!

FERRANDO
A spese vostre or ci divertiremo.

GUGLIELMO (a Ferrando)
E de' cento zecchini, che faremo?

No. 3 Terzetto

FERRANDO
Una bella serenata
Far io voglio alla mia Dea.

GUGLIELMO
In onor di Citerea
Un convito io voglio far.

DON ALFONSO
Sarò anch'io de' convitati?

FERRANDO e GUGLIELMO
Ci sarete, si, Signor.

FERRANDO, GUGLIELMO e DON ALFONSO
E che brindis replicati
Far vogliamo al Dio d'amor!
 (Partono)

SCENA SECONDA

古烈摩：
以軍人的榮譽發誓。

阿豐索：
你們要能依我所說的去做。

費蘭多：
全部照做！

古烈摩：
完全依照您的指示！

阿豐索：
太好了！

費蘭多、古烈摩：
太好了！親愛的阿豐索大人！

費蘭多：
我們會好好地享用你輸掉的金幣。

古烈摩：（對費蘭多）
而這一百個金幣，要怎麼花呢？

第三首　三重唱

費蘭多：
我要將一首美麗的小夜曲
獻給我的女神。

古烈摩：
我要光榮地
為我的維納斯大擺筵席。

阿豐索：
我將是必邀的賓客吧？

費蘭多、古烈摩：
是的，大人，您必然會在那兒。

費蘭多、古烈摩、阿豐索：
我們將一次又一次的向愛神
致敬乾杯！
（他們離開）

第二場

— Giardino sulla spiaggia del mare. Fiordiligi e Dorabella.
(Le due ragazze guardano un ritratto che lor pende al fianco.)

一海邊沙灘上的小花園。
斐奧迪莉姬和朵拉貝拉
（兩個女孩正注視著
掛在腰際的相片）

No. 4 Duetto

第四首　二重唱

FIORDILIGI

Ah, guarda, sorella.
Se bocca più bella,
Se aspetto più nobile
Si può ritrovar.

斐奧迪莉姬：
看啊，妹妹，
再也找不到
比他更迷人的嘴唇，
或比他更高貴的臉龐。

DORABELLA

Osserva tu un poco,
Che foco ha ne' sguardi!
Se fiamma, se dardi non sembran non scoccar.

朵拉貝拉：
只要瞧他一眼，
便看到他目光中的火焰！
好似劍一般地射出熱情的愛苗。

FIORDILIGI

Si vede un sembiante
Guerriero ed amante.

斐奧迪莉姬：
他看起來既有軍人的堂堂相貌
又有情人的溫柔。

DORABELLA

Si vede una faccia,
Che alletta, e minaccia.

朵拉貝拉：
他有一張令人愉快
又不失其威武的臉龐。

FIORDILIGI e DORABELLA

Felice son io! / Io sono felice!
Se questo mio core mai cangia desio,
Amore mi faccia vivendo penar!

斐奧迪莉姬、朵拉貝拉：
我是如此的幸福！
若我這顆心有所動搖。
愛神啊！就請讓我面臨痛苦的磨難吧。

Recitativo secco

宣敘調

FIORDILIGI

Mi par che stamattina volentieri
Farei la pazzarella! ho un certo foco,
Un certo pizzicor entro le vene...
Quando Guglielmo viene,
Se sapessi, che burla gli vo far.

斐奧迪莉姬：
我覺得今天早晨心猿意馬；
一股熊熊烈火
在胸中燃燒……
待一會兒古烈摩到來，
我一定要好好戲弄他。

DORABELLA

Per dirti il vero,
Qualche cosa di nuovo
Anch'io nell'alma provo: io giurerei
Che lontane non siam dagli Imenei.

朵拉貝拉：
告訴妳實話，
在我內心浮現一個
預感：我發誓
我們的婚期已近。

FIORDILIGI

斐奧迪莉姬：

這是一首相當抒情、優美的二重唱。斐奧迪莉姬、朵拉貝拉各自表述對心上人的戀慕，在歌唱上不僅各有表現，而且二位女高音以近似的音色進行繁複的平行三度旋律，二人必須在技巧、音量…等各方面都達到平衡以及長時間的練習才有可能完美地呈現。

Dammi la mano, io voglio astrologarti.
Uh, che bell' Emme!
E questo è un Pi!
Va bene: Matrimonio Presto.

DORABELLA
Affè, che ci avrei gusto!

FIORDILIGI
Ed io non ci avrei rabbia.

DORABELLA
Ma che diavol vuol dir che i nostri sposi
Ritardano a venir? Son già le sei...

FIORDILIGI
Eccoli!

SCENA TERZA
— Fiordiligi, Dorabella e Don Alfonso

DORABELLA
Non son essi: è Don Alfonso, l'amico lor.

FIORDILIGI
Ben venga il Signor Don Alfonso!

DON ALFONSO
Riverisco.

DORABELLA
Cos' è? Perchè qui solo? Voi piangete?
Parlate, per pietà! che cosa è nato?
d'amante...

FIORDILIGI
L'idol mio...

DON ALFONSO
Barbaro fato!

No. 5 Aria

DON ALFONSO
Vorrei dir, e cor non ho,
Balbettando il labbro va;
Fuor la voce uscir non può,

將你的手給我，我來幫妳算算命。
喔！這兒有個字母 M ！
這裡又有個 P ！
好啊！果然婚期已近。

朵拉貝拉：
好啊！眞有趣！

斐奧迪莉姬：
我一點也不介意妳比我早結婚。

朵拉貝拉：
都快六點了…這麼晚，
爲什麼我們的愛人還沒來…

斐奧迪莉姬：
他們來了！

第三場
一斐奧迪莉姬、朵拉貝拉和阿豐索

朵拉貝拉：
不，是他們的朋友阿豐索先生。

斐奧迪莉姬：
歡迎您，阿豐索先生。

阿豐索：
我是來向妳們致歉的。

朵拉貝拉：
爲什麼？怎麼單獨一個人來？
您在哭嗎？快說呀！到底發生什麼事？
難道我的愛人……

斐奧迪莉姬：
我的愛人…

阿豐索：
命運眞是殘酷啊！

第五首　詠嘆調

阿豐索：
我想說但卻沒心情，
顫抖的嘴唇結結巴巴，
喉頭哽咽，

姊姊爲妹妹看手相，發現有字母 M 與 P 隱藏在妹妹的手紋中。姑且先不論是否爲怪力亂神、穿鑿附會，姊姊對這兩個字母測字的結果，解之爲義大利文 Matrimonio（婚姻）與 Presto（很快）兩個字的縮寫。

Ma mi resta mezza quà.
Che farete? Che farò?
Oh, che gran fatalità!
Dar di peggio non si può:
Ho di voi, di lor pietà!

Recitativo secco

FIORDILIGI
Stelle! Per carità, Signor Alfonso,
Non ci fate morir.

DON ALFONSO
Convien armarvi,
Figlie mie, di costanza.

DORABELLA
O Dei! Qual male è addivenuto mai,
Qual caso rio?
Forse è morto il mio bene?

FIORDILIGI
È morto il mio?

DON ALFONSO
Morti non son; ma poco men che morti.

DORABELLA
Feriti?

DON ALFONSO
No.

FIORDILIGI
Ammalati?

DON ALFONSO
Neppur.

FIORDILIGI
Che cosa dunque?

DON ALFONSO
Al marzial campo ordin regio li chiama.

FIORDILIGI e DORABELLA
Ohimè! che sento!

發不出聲音。
妳們可怎麼辦才好？我又該如何？
眞是天大的不幸啊！
沒有比這件事這要更糟的了，
我同情妳們，也可憐他們！

宣敍調

斐奧迪莉姬：
天啊！阿豐索先生，
您可眞把我們給急死了。

阿豐索：
孩子們，
現在考驗妳們保護貞操的時刻終於來到。

朵拉貝拉：
天啊！我們從來沒有遭遇過
這麼糟的事，
你說我的愛人將會死去嗎？

斐奧迪莉姬：
我的愛人也是？

阿豐索：
死倒也不致於；但也好不到那裡去。

朵拉貝拉：
受傷嗎？

阿豐索：
不！

斐奧迪莉姬：
生病嗎？

阿豐索：
也不！

斐奧迪莉姬：
那到底是怎麼回事？

阿豐索：
他們被皇室徵召從軍去了。

斐奧迪莉姬、朵拉貝拉：
天啊，多可怕的消息！

FIORDILIGI	斐奧迪莉姬：
E partiran?	他們走了嗎？
DON ALFONSO	阿豐索：
Sul fatto.	立刻就走。
DORABELLA	朵拉貝拉：
E non v'è modo d'impedirlo?	有沒有辦法可以阻止這件事？
DON ALFONSO	阿豐索：
Non v'è.	沒法子。
FIORDILIGI	斐奧迪莉姬：
Nè un solo addio?	他們不來告別嗎？
DON ALFONSO	阿豐索：
Gli infelici non hanno coraggio di vedervi;	那兩個不幸的人沒勇氣面對妳們；
Ma se voi lo bramate, son pronti...	但如果妳們希望的話，他們已經準備好了。
DORABELLA	朵拉貝拉：
Dove son?	他們在那兒呢？
DON ALFONSO	阿豐索：
Amici, entrate!	朋友們，進來吧！
SCENA QUARTA	第四場
— I suddetti. Ferrando e Guglielmo in abito da viaggio ecc.	一斐奧迪莉姬、朵拉貝拉、阿豐索；費蘭多和古烈摩身著旅裝。
No. 6　Quintetto	第六首　　五重唱
GUGLIELMO	古烈摩：
Sento, o Dio! che questo piede	老天！我這雙腳是
È restio nel girle avante.	如此不情願地靠近妳。
FERRANDO	費蘭多：
Il mio labbro palpitante	我的嘴唇顫抖著
Non può detto pronunziar.	無法言語。
DON ALFONSO	阿豐索：
Nei momenti i più terribili	這是最令人心悸的一刻：
Sua virtù l'eroe palesa.	偉大的英雄們正壯烈地表現自己勇氣。
FIORDILIGI e DORABELLA	斐奧迪莉姬、朵拉貝拉：
Or che abbiam la nuova intesa,	現在我們有了新協定，
A voi resta a fare il meno.	就是在你們走之前只求一件事：
Fate core: a entrambe in seno	狠下心，拔出你們的劍

Immergeteci l'acciar.

刺進我們的胸膛。

FERRANDO e GUGLIELMO
Idol mio! la sorte incolpa,
Se ti deggio abbandonar!

費蘭多、古烈摩:
我的愛人,都是命運捉弄,
才逼得我必須離開妳!

DORABELLA
Ah, no, no, non partirai!

朵拉貝拉:
啊!不,不要走!

FIORDILIGI
No crudel, non tene andrai!

斐奧迪莉姬:
殘酷的人,你不能走!

DORABELLA
Voglio pria cavarmi il core!

朵拉貝拉:
我先剖開自己的心!

FIORDILIGI
Pria ti vo' morire ai piedi!

斐奧迪莉姬:
我要死在你的跟前!

FERRANDO
(Cosa dici?)

費蘭多:(在阿豐索身旁低語)
你怎麼說呢?

GUGLIELMO
(Te n'avvedi?)

古烈摩:(在阿豐索身邊低語)
你看到了沒?

DON ALFONSO
(Saldo, amico: finem lauda!)

阿豐索:(對身邊的兩位年輕人)
朋友,沉著點;到最後再歡呼吧!

**FIORDILIGI, DORABELLA, FERRANDO,
GUGLIELMO e DON ALFONSO**
Il destin così defrauda
Le speranze de' mortali.
Ah, chi mai fra tanti mali,
Chi mai può la vita amar?

斐奧迪莉姬、朵拉貝拉、費蘭多、古烈摩、
阿豐索:
命運總是如此
作弄人們的期望。
啊!誰能陷於萬分痛苦之中,
卻仍在乎生命呢?

Recitativo secco

宣敘調

GUGLIELMO
Non piangere, idol mio!

古烈摩:
別再哭了,我的愛人!

FERRANDO
Non disperarti, adorata mia sposa!

費蘭多:
不要絕望,我的甜心!

DON ALFONSO
Lasciate lor tal sfogo:
è troppo giusta la cagion di quel pianto.
(Gli amanti si abbracciano teneramente.)

阿豐索:
讓她們好好地發洩一下:
她們有足夠的理由大哭一場。
(兩位男士溫柔地輕擁她們入壞。)

FIORDILIGI

Chi sa s'io più ti veggio?

DORABELLA

Chi sa se più ritorni?

FIORDIUGI

Lasciami questo ferro: ei mi dia morte,

Se mai barbara sorte

In quel seno a me caro...

DORABELLA

Morrei di duol, d'uopo non ho d'acciaro.

FERRANDO e GUGLIELMO

Non farmi, anima mia,

Quest'infausti presagi!

Proteggeran gli Dei

La pace del tuo cor ne' giorni miei.

No. 7 Duettino

FERRANDO e GUGLIELMO

Al fato dan legge quegli occhi vezzosi;

Amor li protegge,

Nè i loro riposi le barbare stelle

Ardiscon turbar.

Il ciglio sereno, mio bene, a me gira:

Felice al tuo seno io spero tornar.

Recitativo secco

DON ALFONSO (fra sè)

La comedia è graziosa,

E tutti e due fan ben la loro parte.

(Suono di tamburo in distanza.)

FERRANDO

O cielo! Questo è il tamburo funesto,

Che a divider mi vien dal mio tesoro.

DON ALFONSO

Ecco, amici, la barca.

FIORDILIGI

Io manco.

斐奧迪莉姬：

誰知道我能否再見到你？

朵拉貝拉：

誰知道你可否再回來？

斐奧迪莉姬：

給我這把劍：讓我去死吧，

如果命運對我如此殘酷

那不如將它刺入我的胸膛…

朵拉貝拉：

我不需要那把劍，因爲我將痛苦而死。

費蘭多、古烈摩：

親愛的，請不要讓我有

不幸的預感。

我保證老天爺在我有生之年

一定帶給妳們內心平安。

第七首　二重唱短歌

費蘭多、古烈摩：

妳那美麗的雙眸將決定我的命運

愛情會保護她們，

即使是殘酷的命運，

也不敢擾亂她們的平靜。

愛人，請給我溫柔的一瞥，

希望能再回到妳幸福的懷抱。

宣敍調

阿豐索：（自言自語）

這齣戲演得很精采，

兩個男人的分手戲演得非常生動。

（遠方傳來軍隊鼓號聲）

費蘭多：

天啊！這不幸的鼓號聲

催促著我和愛人即將分離！

阿豐索：

朋友們，船已經來了。

斐奧迪莉姬：

我快昏倒了。

DORABELLA

Io moro.

SCENA QUINTA

— Fiordiligi, Dorabella, Don Alfonso, Ferrando, Guglielmo, soldati e popolani

No. 8 Coro

(Marcia militare in qualche distanza. Arriva una barca alla sponda; poi entra nella scena una truppa di soldati, accompagnata da uomini e donne.)

CORO (soldati e popolani)

Bella vita militar!
Ogni dì si cangia loco,
Oggi molto, doman poco,
Ora in terra ed or sul mar.
Il fragor di trombe e pifferi,
La sparar di schioppi, e bombe,
Forza accresce al braccio, e all' anima,
Vaga sol di trionfar.
Bella vita militar!

Recitativo secco

DON ALFONSO

Non v'è più tempo, amici:
Andar conviene, ove il destino,
Anzi il dover v'invita.

FIORDILIGI

Mio cor...

DORABELLA

Idolo mio...

FERRANDO

Mio ben...

GUGLIELMO

Mia vita...

FIORDILIGI

Ah, per un sol momento...

DON ALFONSO

朵拉貝拉：
我快死了。

第五場
一斐奧迪莉姬、朵拉貝拉、阿豐索、
費蘭多、古烈摩、士兵和群眾

第八首　合唱
（遠處傳來軍隊進行曲。
一條小船駛入岸邊；
之後軍隊進入舞台，
伴著男男女女。）

合唱：（軍人和民眾）
軍人的生活多美好！
每天換駐不同的營地；
今天忙碌，明天悠閒；
一會兒在陸上，一會兒在海上。
號角和軍笛不絕於耳，
槍桿和炸彈，
強壯臂膀的力量和振奮精神，
只爲早日凱歌高唱。
軍人的生活多美好！

宣敍調

阿豐索：
朋友們，已經沒有時間了；
去面對命運的挑戰，
那也是你們必須履行的義務。

斐奧迪莉姬：
我的心肝……

朵拉貝拉：
我的愛……

費蘭多：
我的寶貝……

古烈摩：
我的生命……

斐奧迪莉姬：
啊，只有一點點時間了……

阿豐索：

Del vostro reggimento
Già è partita la barca.
Raggiungerla convien coi pocchi amici
Che su legno più lieve attendendo vi stanno.

FERRANDO e GUGLIELMO
Abbracciami, idol mio!

FIORDILIGI e DORABELLA
Muojo d'affanno.

No. 9 Quintetto

FIORDILIGI (piangendo)
Di scrivermi ogni giorno!
Giurami, vita mia!

DORABELLA (piangendo)
Due volte ancora tu scrivimi, se puoi.

FERRANDO
Si certa, o cara.

GUGLIELMO
Non dubitar, mio bene.

DON ALFONSO
(fra sè, insieme con gli altri quattro,
che ripetono i loro versi precedenti)
Io crepo, se non rido!

FIORDILIGI
Si costante a me sol...

DORABELLA
Serbati fido.

FERRANDO
Addio!

GUGLIELMO
Addio!

FIORDILIGI e DORABELLA
Addio!

FIORDILIGI, DORABELLA, FERRANDO e

你們的軍艦
已經快要離開，
現在趕快去加入那些正在小船裡
等著你們的伙伴吧。

費蘭多、古烈摩：
擁抱我吧，吾愛！

斐奧迪莉姬、朵拉貝拉：
我快傷心死了！

第九首　五重唱

斐奧迪莉姬：（哭泣）
親愛的，
發誓每天寫信給我！

朵拉貝拉：（哭泣）
如果可以的話，一天寫兩封。

費蘭多：
那當然，親愛的。

古烈摩：
沒問題，吾愛。

阿豐索：
（自己在一旁，與兩對情侶一起，
反覆地唱出自己先前的歌詞）
我實在忍不住想笑！

斐奧迪莉姬：
只能對我忠心不二……

朵拉貝拉：
要遵守信諾。

費蘭多：
再見了！

古烈摩：
再會！

斐奧迪莉姬和朵拉貝拉：
再會！

斐奧迪莉姬、朵拉貝拉、費蘭多、

請注意兩對情侶在這首五重唱一開始時所唱的音型，一個音節斷斷續續地接著下一個音節，就像是在抽泣的聲音。

GUGLIELMO
Mi si divide il cor,
Bell' idol mio!
Addio!

DON ALFONSO (fra sè)
Io crepo, se non rido!

CORO
Bella vita militar!
Ogni dì si cangia loco,
Oggi molto, doman poco,
Ora in terra ed or sul mar.
Il fragor di trombe e pifferi,
Lo sparar di schioppi e bombe
Forza accresce al braccio e all'anima,
Vaga sol di trionfar.
Bella vita militar!

(Mentre si ripete il coro, Ferrando e Guglielmo
entrano nella barca che poi s'allontana tra suon
di tamburi ecc. I soldati partono seguiti dagli
uomini e dalle donne. Le amanti restano
immobili sulla sponda del mare.)

SCENA SESTA
— Fiordiligi, Dorabella e Don Alfonso

Recitativo secco

DORABELLA
(in atto di chi rinviene da un letargo)
Dove son?

DON ALFONSO
Son partiti.

FIORDILIGI
Oh, dipartenza crudelissima amara!

DON ALFONSO
Fate core,
Carissime figliuole.
(da lontano facendo motto col fazzoletto)
Guardate, da lontano
Vi fan cenno con mano i cari sposi.

古烈摩：
我心已碎，
我的愛！
再會了！

阿豐索：（自言自語）
我實在憋不住想笑！

合唱：
軍人的生活多美好！
每天換駐不同的營地；
今天忙碌，明天悠閒；
一會兒在陸上，一會兒在海上。
號角和軍笛不絕於耳，
槍桿和炸彈
強壯你臂膀的力量，
振奮精神只為早日凱歌高唱。
軍人的生命多美好！

（當重覆合唱時，
費蘭多與古烈摩進入小船，
然後駛向遠方的鼓號聲中，
士兵們帶著民眾離開。
兩姐妹佇立在海岸邊。）

第六場
—斐奧迪莉姬、朵拉貝拉、阿豐索

宣敘調

朵拉貝拉：
（舞台上她從巷道中再次出現）：
他們在那裡？

阿豐索：
他們已經離開了。

斐奧迪莉姬：
喔，多麼殘酷痛苦的分離啊！

阿豐索：
親愛的孩子們，
鼓起勇氣吧！
（對著遠處揮動手帕）
看！妳們那可愛的未婚夫
正在遠處揮手呢！

FIORDILIGI (salutando)
Buon viaggio. Mia vita!

DORABELLA (salutando)
Buon viaggio!

FIORDILIGI
O Dei, come veloce se ne va quella barca!
Già sparisce, Già non si vede più.
Deh faccia il cielo
Ch'abbia prospero corso.

DORABELLA
Faccia che al campo giunga
Con fortunati auspici.

DON ALFONSO
E a voi salvi gli amanti, e a me gli amici.

No. 10 Terzettino

FIORDILIGI, DORABELLA e DON ALFONSO
Soave sia il vento,
Tranquilla sia l'onda,
Ed ogni elemento benigno risponda
Ai nostri desir.
(Partono le due donne.)

SCENA SETTIMA
— Don Alfonso solo

Recitativo secco

DON ALFONSO
Non son cattivo comico! Va bene...
Al concertato loco i due campioni
Di Ciprigna e di Marte
Mi staranno attendendo;
Or senza indugio raggiungerli conviene.
Quante smorfie, quante buffonerie!
Tanto meglio per me...
Cadran più facilmente:
Questa razza di gente è la più presto
A cangiarsi d'umore. Oh, poverini!
Per femmina giocar cento zecchini?

斐奧迪莉姬：（回應地揮動手巾）
一路順風。我的愛！

朵拉貝拉：（回應地揮動手巾）
祝你旅途愉快！

斐奧迪莉姬：
天啊！他們的船去得真快！
快消失了，已經看不見了。
老天祝福他們
一路平安順利。

朵拉貝拉：
也希望他們在戰場上
幸運地得到庇護。

阿豐索：
老天保佑妳們的愛人，和我的好朋友。

第十首　三重唱短歌

斐奧迪莉姬、朵拉貝拉、
阿豐索：
願清風徐來，
水波不興，
願我們祈禱的每一個願望，
都能讓他們得到很好的照顧。
（兩位女士離開）

第七場
—阿豐索單獨

宣敘調

阿豐索：
總之我不是一個損友，好吧……
那兩位（維納斯和戰神）大英雄
正在約定的地方等著我，
現在我得趕快
去與他們會合，別再拖延。
剛才他們兩位臉上的表情多麼滑稽可笑！
如此對我非常有利……
勝算較多，
因爲人們總是很容易
改變他們的念頭。喔，可憐的人！
爲了女人竟然可以拿一百個金幣下賭注嗎？

這首絕美的三重唱，一開始兩部小提琴就以綿密的平行三度旋律蜿蜒進行，擺盪的音型好比陣陣吹送的微風、以及如搖籃一般溫柔搖晃的波浪。三聲部的安排就如同室內樂三位獨奏者一般密切合作、而且各有表現。注意兩位女高音的和諧音色、與男低音（阿豐索）旋律中突然出現的各式增減音程。

Recitativo accompagnato

DON ALFONSO

Nel mare solca e nell' arena semina,
E il vago vento spera in rete accogliere,
Chi fonda sue speranze in cor di femmina.
(Parte)

SCENA OTTAVA

— Camera gentile con diverse sedie, un tavolino
ecc; tre porte: due laterali, una di mezzo.
Despina sola

Recitativo secco

DESPINA (frullano il cioccolatte)

Che vita maledetta è il far la cameriera!
Dal mattino alla sera si fa, si suda,
Si lavora, e poi di tanto,
Che si fa, nulla è per noi.
E mezza ora, che sbatto;
Il cioccolatte è fatto, ed a me tocca
Restar ad odorarlo a secca bocca?
Non è forse la mia come la vostra?
O garbate Signore,
Che a voi dessi l'essenza e a me l'odore?
Per Bacco, vo assagiarlo:
Com' è buono! (si forbe la bocca)
Vien gente! O ciel! Son le padrone!

SCENA NONA

— Despina, Fiordiligi e Dorabella
(Fiordiligi e Dorabella entrano disperatamente)

DESPINA

(Presentando il cioccolatte sopra una guantiera)
Madame, ecco la vostra collazione.
(Dorabella gitta tutto a terra.)
Diamine, cosa fate?

FIORDILIGI

Ah!

DORABELLA

Ah!

伴奏宣敘調

阿豐索：

你若想摸透女人內心深處的想法，
就好比在海面上耕作、沙灘上播種，
或拿著網子捕風，簡直是不可能的。
（離開）

第八場

一優雅的房間，幾張不同的椅子，一個小桌
子；三扇門：兩扇在側邊，一扇在舞台中
間。黛絲碧娜獨自一人

宣敘調

黛絲碧娜：（正攪拌著巧克力）

當一位女侍，日子過得可真乏味！
從早到晚做個不停，汗流浹背，
忙東忙西，然後，
只覺得一片空虛。
我已經忙了半個多鐘頭，
巧克力也做好了，而我卻只能在
乾渴的嘴外嗅著它的芳香。
唷，親愛的小姐們，
其實我的味覺跟妳們是一樣的，
但妳們喝到的是巧克力
而我卻只能聞到香氣嗎？
現在我可要好好地嚐它一口。
哇！真好喝！（她擦擦嘴巴）
有人敲門……老天！是我的主人回來了！

第九場

一黛絲碧娜、斐奧迪莉姬與朵拉貝拉
（斐奧迪莉姬與朵拉貝拉神情落寞地進入）

黛絲碧娜：

（端著一個淺盤子進入，上面放著巧克力）
主人，早餐已經準備好了。
（朵拉貝拉把所有的東西都丟到地上。）
天啊，妳們到底在搞什麼鬼？

斐奧迪莉姬：

唉！

朵拉貝拉：

啊！

(Si cavano entrambe tutti gli ornamenti
donneschi ecc.)

（兩人拆除身上所有的飾物）

DESPINA

Che cosa è nato?

黛絲碧娜：
發生什麼事了？

FIORDILIGI

Ov' è un acciaro?

斐奧迪莉姬：
劍放在那裡？

DORABELLA

Un veleno, dov' è?

朵拉貝拉：
或拿瓶毒藥給我？

DESPINA

Padrone, dico!...

黛絲碧娜：
小姐，快告訴我發生了什麼事！

Reciativo accompagnato

伴奏宣敘調

DORABELLA

Ah! scostati! Paventa il tristo effetto
D'un disperato affetto!
Chiudi quelle finestre! Odio la luce,
Odio l'aria, che spiro, odio me stessa!
Chi schernisce il mio duol,
Chi mi consola?...
Deh fuggi, per pietà! Lasciami sola!

朵拉貝拉：
啊！離我遠一點！我真怕沮喪的情緒
會令自己做出絕事！
把窗戶關掉！我討厭光亮，
討厭讓我呼吸的空氣，我甚至恨死自己了。
誰能撫平我的傷痛，誰來安慰我？……
討厭！走開！請妳走開！
讓我單獨一個人吧！

No. 11 Aria

第十一首　詠嘆調

DORABELLA

Smanie implacabili che m'agitate,
Entro quest' anima più non cessate
Finchè l'angoscia mi fa morir!
Esempio misero d'amor funesto
Darò all' Eumenidi, se viva resto,
Col suono orribile de' miei sospiri
(Le due amanti si mettono a sedere in disparte,
da forsennate.)

朵拉貝拉：
無法平息的癡狂在我內心翻攪，
我的靈魂不再平靜，
苦痛將折磨我直到死去。
若還能活著，
恐怖的嘆息聲要向復仇的怨靈們控訴，
這悲劇式的愛情！
（兩個女孩發狂地跌坐在一旁的椅子裡。）

Recitativo secco

宣敘調

DESPINA

Signora Dorabella, Signora Fiordiligi,
Ditemi: che cosa è stato?

黛絲碧娜：
兩位小姐，
告訴我到底發生什麼事？

DORABELLA

Oh, terribil disgrazia!

朵拉貝拉：
啊，多可怕的不幸！

歌曲以 2/2 拍子、充滿活力的快板（Allegro agitato）開始。小提琴聲部有著足以令演奏者陷入瘋狂的快速三連音，加上使得朵拉貝拉喘不過氣來的急促短樂句，充份地表達正在朵拉貝拉心中翻攪的「無法平息的癡狂」。
"Eumenidi" 引自古希臘悲劇作家艾斯奇勒斯（Aeschylus）遺世三連劇《奧瑞斯提亞》（Orestia）第三齣劇名的義大利譯文，指的是奧瑞斯提亞在殺母以報父仇之後，母親的咒詛所引出的一群復仇怨靈女神，她們有滿頭的蛇髮與淌血的雙眼，形貌恐怖。

DESPINA
Sbrigatevi in buon' ora!

黛絲碧娜：
趕快告訴我吧！

FIORDILIGI
Da Napoli partiti sono gli amanti nostri.

斐奧迪莉姬：
我們的愛人已經離開拿坡里了。

DESPINA (ridendo)
Non c'è altro? Ritorneran.

黛絲碧娜：（笑著說）
沒別的事嗎？他們會回來的。

DORABELLA
Chi sa!

朵拉貝拉：
誰知道？

DESPINA (c.s.)
Come, chi sa? Dove son iti?

黛絲碧娜：（如先前）
爲什麼說「誰知道」呢？他們在那裡？

DORABELLA
Al campo di battaglia.

朵拉貝拉：
去戰場打仗。

DESPINA
Tanto meglio per loro:
Li vedrete tornar carchi d'alloro.

黛絲碧娜：
這對他們是很好的：
當他們戰勝回來時將頭戴桂冠。

FIORDILIGI
Ma ponno anche perir.

斐奧迪莉姬：
但也許他們將戰死沙場。

DESPINA
Allora, poi tanto meglio per voi.

黛絲碧娜：
那不是對你們更好嗎。

FIORDILIGI (Sorge arrabbiata)
Sciocca! che dici?

斐奧迪莉姬：（生氣地站起來）
笨女孩，妳胡扯些什麼？

DESPINA
La pura verità: due ne perdete,
Vi restan tutti gli altri.

黛絲碧娜：
我說的是眞心話：如果妳們失去這兩個人
會有更多的男人在後面排隊等候呢！

FIORDILIGI
Ah, perdendo Guglielmo,
Mi pare ch'io morrei!

斐奧迪莉姬：
啊，如果失去古烈摩，
我想我一定活不下去了！

DORABELLA
Ah, Ferrando perdendo
Mi par, che viva a sepellirmi andrei!

朵拉貝拉：
啊，如果失去費蘭多，
我想我一定會結束自己的生命！

DESPINA
Brave! "Vi par", ma non è ver:
Ancora non vi fu donna ch'è d'amor sia morta.
Per un uomo morir!...

黛絲碧娜：
好哇！妳們都是說：「我想…」，
但事實並不盡然，
因爲從來沒有一個女人會爲愛情而死，

Altri ve n'hanno, che compensano il danno.

更何況爲一個男人而死呢！
果眞如此其他的男人會更加倍地
補償妳們的損失。

DORABELLA

E credi che potria altro uom amar,
Chi s'ebbe per amante
Un Guglielmo, un Ferrando?

朵拉貝拉：
妳想我們在愛過像古烈摩和費蘭多
這兩個男人之後，
這會愛上別的男人嗎？

DESPINA

Han gli altri ancora
Tutto quello ch'han essi,
Un uom adesso amate, un altro n'amerete,
Uno val l'altro, perchè nessun val nulla;
Ma non parliam di ciò, sono ancor vivi,
E vivi torneran; ma son lontani,
E, più tosto che in vani
Pianti perdere il tempo,
Pensate a divertirvi.

黛絲碧娜：
所有其他的男人
都具有他們兩人的特質，
現在妳們愛他們，以後也將愛上其他的男人
無庸置疑的，全世界的男人都是一樣的；
但我們姑且不去談這些；他們目前還活著
而且將活著回來；但現在他們相隔太遠，
妳們浪費許多時間
掉一大堆沒用的眼淚，
不如仔細想想自己如何快活起來。

FIORDILIGI (con trasporto di collera)
Divertirci?

斐奧迪莉姬：（暴怒的）
讓我們自己快活起來？

DESPINA

Sicuro! E quel ch'è meglio
Far all' amor come assassine, e come
Faranno al campo i vostri cari amanti.

黛絲碧娜：
當然囉！較好的方法是：
狠狠地去談戀愛，
說不定妳們的愛人在前線也是如此。

DORABELLA

Non offender così quelle alme belle,
Di fedeltà, d'intatto amore esempi!

朵拉貝拉：
別傷害他們高貴的靈魂、
忠誠，和完美的愛情典範！

DESPINA

Via, via! Passaro i tempi
Di spacciar queste favole ai bambini!

黛絲碧娜：
算了罷！往後妳或許會爲了打發時間把它當
成故事講給孩子們聽。

No. 12 Aria

第十二首　詠嘆調

DESPINA

In uomini, in soldati, sperare fedeltà?
(ridendo)
Non vi fate sentir, per carità!
Di pasta simile son tutti quanti,
Le fronde mobili, l'aure incostanti
Han più degli uomini stabilità.
Mentite lagrime, fallaci sguardi,
Voci ingannevoli, vezzi bugiardi,

黛絲碧娜：
妳希望軍人和男士能忠心耿耿嗎？
（大笑）
拜託！妳們可千萬別相信！
普天下男人的習性都是一樣的，
柳枝搖曳，風向不定
也都遠超過男人的定力。
他們欺人的淚水，狡猾的眼神，
甜言蜜語，虛情假意，

黛絲碧娜的詠唱調總
是以機智善辯的大量
歌詞爲主要訴求，在
旋律上，莫札特大多
以一音節安排 1～2 個
音的模式（syllabic）來
凸顯她的伶牙俐齒、
或者是「負面」的說法
—聒噪、喋喋不休。

Son le primarie lor qualità.
In noi non amano che il cor diletto,
Poi ci dispregiano, neganci affetto,
Nè val da' barbari chieder pietà.
Paghiam, o femmine, d'ugual moneta
Questa malefica razza indiscreta;
Amiam per comodo, per vanità!
La ra la, la ra la, la ra la, la.
(Partono tutte.)

SCENA DECIMA
— Don Alfonso solo; poi Despina

Recitativo secco

DON ALFONSO
Che silenzio! Che aspetto di tristezza
Spirano queste stanze! Poverette!
Non han già tutto il torto:
Bisogna consolarle.
Infin che vanno i due creduli sposi,
Com' io loro commisi, a mascherarsi,
Pensiam cosa può farsi...
Temo un po' per Despina,...
Quella furba potrebbe riconoscerli,
Potrebbe rovesciarmi le macchine,
Vedremo... Se mai farà bisogno
Un regaletto a tempo, un zecchinetto
Per una cameriere è un gran scongiuro.
Ma per esser sicuro, si potria
Metterla in parte a parte del segreto...
Eccellente è il progetto...
La sua camera è questa: (Batte.)
Despinetta!

DESPINA
Chi batte?

DON ALFONSO
Oh!

DESPINA
Ih!

DON ALFONSO
Despina mia, di te bisogno avrei.

都是他們的特質。
他們愛我們只因愛情能帶給他們快樂；
之後就鄙棄、拒絕我們的眞情，
這些壞傢伙不值得去乞求憐憫。
女人們，我們要以牙還牙
讓這群敗類付出代價；
要多爲自己打算，求得富貴榮華！
啦啦啦……啦啦啦……
（三人離去）

第十場
—阿豐索獨自一人；然後黛絲碧娜進入

宣敍調

阿豐索：
好安靜！她倆的房間
透出哀傷的氣息！可憐的女孩！
也不全是她們的錯：
應該好好的安慰一下。
兩位天眞的年輕人眞容易受騙，
終究依我的話去喬裝了，
現在讓我仔細想想下一個步驟…
我有點擔心黛絲碧娜…
那個鬼靈精可能會識破他倆；
也可能顚覆我所有的計劃。
我們走著瞧！如果眞有必要的話，
在適當的時機，施些小惠給她，
對一位女傭來說，金幣就是最好的保證
但爲求更保險，
我應該別讓她得知太多的機密……
眞是一個完美的計劃……
這正是她的房間：（敲門）
黛絲碧娜小姐！

黛絲碧娜：
誰？

阿豐索：
喔！

黛絲碧娜：
噫！

阿豐索：
我的黛絲碧娜，我需要妳的幫助。

DESPINA

Ed io niente di voi.

黛絲碧娜：

可是我並不想幫你。

DON ALFONSO

Ti vo fare del ben.

阿豐索：

我倒想要爲妳做點好事。

DESPINA

A una fanciulla un vecchio come lei non
Può far nulla.

黛絲碧娜：

像你這樣的老頭根本子不可能爲
一位年輕女孩做任何事。

DON ALFONSO

Parla piano ed osserva.
(Le mostra una moneta d'oro)

阿豐索：

說話小聲點，看看這個。
（亮出一個金幣）

DESPINA

Me lo dona?

黛絲碧娜：

要送給我的嗎？

DON ALFONSO

Sì, se meco sei buona.

阿豐索：

是的，如果妳乖乖聽我的。

DESPINA

E che vorebbe?
È l'oro il mio giulebbe.

黛絲碧娜：

你到底想要什麼呢？
黃金是我的最愛。

DON ALFONSO

Ed oro avrai; ma ci vuol fedeltà.

阿豐索：

妳將擁有它；但必須絕對忠誠。

DESPINA

Non c'è altro? Son qua.

黛絲碧娜：

沒別的要求了嗎？我在此聽候吩咐。

DON ALFONSO

Prendi ed ascolta.
Sai che le tue padrone
Han perduti gli amanti.

阿豐索：

拿去（丟給她金幣），妳聽著：
妳知道妳的兩個女主人
已失去了她們的愛人。

DESPINA

Lo so.

黛絲碧娜：

我知道。

DON ALFONSO

Tutti i lor pianti,
Tutti deliri loro ancor tu sai.

阿豐索：

妳也知道
她們發狂般地哭成一團。

DESPINA

So tutto.

黛絲碧娜：

我全都知道。

DON ALFONSO

Or ben, se mai

阿豐索：

現在妳若可以的話，

Per consolarle un poco, e trar
Come diciam, chiodo per chiodo,
Tu ritrovassi il modo,
Da metter in lor grazia
Due soggetti di garbo
Che vorrieno provar... già mi capisci...
C'è una mancia per te di venti scudi,
Se li fai riuscir.

DESPINA
Non mi dispiace questa proposizione.
Ma con quelle buffone... basta, udite:
Son giovani? Son belli? E sopra tutto
Hanno una buona borsa i vostri concorrenti?

DON ALFONSO
Han tutto quello
Che piacer può alle donne di giudizio.
Li vuoi veder?

DESPINA
E dove son?

DON ALFONSO
Son lì; li posso far entrar?

DESPINA
Direi di sì.

(Don Alfonso fa entrar gli amanti, che son travestiti.)

SCENA UNDICESIMA
— Don Alfonso, Despina, Ferrando, Guglielmo;
poi Fiordiligi e Dorabella

No. 13 Sestetto

DON ALFONSO
Alla bella Despinetta
Vi presento, amici miei;
Non dipende che da lei,
Consolar il vostro cor.

FERRANDO, GUGLIELMO
(con tenerezza affettata)

給她們一些安慰，
就如我們常說的：來個「硬碰硬」，
妳想個辦法
讓兩位想要追求姐妹的
英俊男士……
相信妳已經了解我的意思了……
事成之後，
會打賞妳二十個金幣。

黛絲碧娜：
對於這個建議，我並非覺得不高興。
但要那兩個可笑的女士接受…
算了，你聽著：
這兩位追求者年輕嗎？英俊嗎？
最重要的是他們的荷包是否大又飽？

阿豐索：
他們具備妳喜愛的所有條件，
也是女仕們的標準丈夫。
妳想見見他們嗎？

黛絲碧娜：
他們現在在那兒呢？

阿豐索：
在外面；我可以帶他們進來嗎？

黛絲碧娜：
請吧！

（阿豐索請費蘭多與古烈摩偽裝之後進入）

第十一場
一阿豐索、黛絲碧娜、費蘭多、古烈摩；
然後斐奧迪莉姬與朵拉貝拉

第十三首　六重唱

阿豐索：
朋友們，請容我為你們介紹
美麗的黛絲碧娜小姐。
只有靠她的幫助，
才能達成你們內心的願望。

費蘭多，古烈摩：
（溫柔的）

Per la man, che lieto io bacio,
Per quei rai di grazia pieni,
Fa che volga a me sereni
I begli occhi il mio tesor.

DESPINA (fra sè, ridendo)
Che sembianze! Che vestiti!
Che figure! Che mustacchi!
Io non so se son Vallacchi?
O se Turchi son costor?

DON ALFONSO (sottovoce a Despina)
Che ti par di quell' aspetto?

DESPINA (sottovoce a Don Alfonso)
Per parlarvi schietto, schietto,
Hanno un muso fuor dell' uso,
Vero antidoto d'amor.

FERRANDO, GUGLIELMO, DON ALFONSO
(fra sè)
Or la cosa è appien decisa,
Se costei non ci ravvisa,
Non c'è più nessun timor.

DESPINA (fra sè, ridendo)
Che figure! Che mustacchi!
Io non so se son Vallacchi?
O se Turchi son costar?

FIORDILIGI e DORABELLA (di dentro)
Ehi, Despina! Olà, Despina!

DESPINA
Le padrone.

DON ALFONSO (a Despina)
Ecco l'istante!
Fa con arte: io qui m'ascondo.
(Si ritira.)

FIORDILIGI e DORABELLA (entrando)
Ragazzaccia tracotante!
Che fai lì con simil gente?
Falli uscire immantinente,
O ti fo pentir con lor.

向您可愛的手兒，愉快地獻上輕吻，
您那充滿溫柔的眼神，
有如愛人美麗的雙眼，
安詳地望著我。

黛絲碧娜：（自言自語，竊笑）
多古怪的臉孔！多奇異的裝扮！
好笑的身材！加上八字鬍！
我搞不清楚：他們是瓦拉基人？
還是土耳其人？

阿豐索：（低聲向黛絲碧娜）
他們這身打扮妳覺得如何？

黛絲碧娜：（低聲向阿豐索）
坦白說，
他們這副嘴臉，
恐怕會毀了羅曼蒂克的氣氛。

費蘭多、古烈摩、阿豐索：
（自言自語）
現在如果連她都認不出來，
那我們大可放心，
沒什麼好害怕的了。

黛絲碧娜：（自言自語，竊笑）
好笑的身材！加上八字鬍！
我搞不清楚：他們是瓦拉基人？
還是土耳其人？

斐奧迪莉姬、朵拉貝拉：（在舞台外）
黛絲碧娜！黛絲碧娜！

黛絲碧娜：
是，主人們。

阿豐索：
待會兒見！
巧妙地玩這個遊戲吧。
（他抽身離去）

斐奧迪莉姬、朵拉貝拉：（進入）
妳這個壞女孩！
跟這些人在那裡做什麼？
快把他們趕出去，
否則妳們三個都要後悔莫及。

Vallacchi（瓦拉基人）
指的是巴爾幹半島上
零散分佈、講羅曼土
語的少數民族。

DESPINA, FERRANDO e GUGLIELMO

Ah, madame, perdonate!
Al bel piè languir mirate
Due meschin, di vostro merto,
Spasimanti adorator.

FIORDILIGI e DORABELLA

Giusti numi! Cosa sento?
Dell' enorme tradimento
Chi fu mai l'indegno autor?

DESPINA, FERRANDO e GUGLIELMO

Deh calmate quello sdegno...

FIORDILIGI e DORABELLA

Ah, che più non ho ritegno!
Tutta piena ho l'alma in petto
Di dispetto e di terror!
Ah! perdon, mio bel diletto,
Innocente è questo cor.

FERRANDO e GUGLIELMO (fra sè)

Qual diletto è a questo petto,
Quella rabbia e quel furor!

DESPINA e DON ALFONSO

(fra sè; Don Alfonso dalla porta)
Mi da un poco di sospetto,
Quella rabbia e quel furor.

Recitativo secco

DON ALFONSO (come entrando)

Che susurro! Che strepito!
Che scompiglio è mai questo!
Siete pazze, care le mie ragazze?
Volete sollevar il vicinato?
Cosa avete? Ch' è nato?

DORABELLA (con furore)

Oh, ciel!
Mirate uomini in casa nostra?

DON ALFONSO

(senza guardarli)
Che male c'è?

黛絲碧娜、費蘭多、古烈摩：
啊，女士們，請原諒！
在您美麗的足下跪著兩個可憐人，
他們正熱烈地愛戀著妳們
美麗的風采。

斐奧迪莉姬、朵拉貝拉：
天啊！不敢相信我所聽到的呢？
是哪個卑鄙的人
設計了這種陷阱，想讓我們犯錯？

黛絲碧娜、費蘭多、古烈摩：
請息怒！

斐奧迪莉姬、朵拉貝拉：
啊，我無法再克制自己！
心中充滿了
被輕蔑與恐懼的感覺！
啊！我的愛，
請原諒我這顆無邪的心。

費蘭多、古烈摩：（自語）
真令人感到快活，
她們真的生氣了！

黛絲碧娜、阿豐索：
（自言自語，阿豐索在門旁）
我懷疑她們
是否真的生氣。

宣敘調

阿豐索：（從一旁進入）
多麼喧嘩、吵鬧！
為什麼如此的混亂？
親愛的小姐們，妳們快發狂了嗎？
妳們想把鄰居吵醒嗎？
到底是怎麼回事？

朵拉貝拉：（生氣的）
老天！您看看：
怎麼有男人在我們家裡？

阿豐索：
（不予理會）
那有什麼不好？

FIORDILIGI(con fuoco)
Che male? In questo giorno?...
Dopo il caso funesto!...

Recitativo accompagnato

DON ALFONSO
Stelle! Sogno, o son desto? Amici miei,
Miei dolcissimi amici!
Voi qui? Come? Perchè? Quando! In qual modo?
Numi! Quanto ne godo!

Recitativo secco

DON ALFONSO (sotto voce ai due amanti)
Secondatemi.

FERRANDO
Amico Don Alfonso!

GUGLIELMO
Amico caro!
(Si abbracciano con trasporto.)

DON ALFONSO
Oh, bella improvisata!

DESPINA (a Don Alfonso)
Li conoscete voi?

DON ALFONSO
Se li conosco!
Questi sono i più dolci amici,
Ch'io m'abbia in questo mondo,
E vostri ancor saranno.

FIORDILIGI
E in casa mia che fanno?

GUGLIELMO
Ai vostri piedi due rei, due delinquenti,
Ecco Madame!

Recitativo accompagnato

GUGLIELMO

斐奧迪莉姬：（生氣地）
有什麼不好？在特別的今天！
在那不幸的事件發生後！

伴奏宣敘調

阿豐索：
天啊！我在做夢還是醒著？我的朋友們，
我最親愛的朋友們！
你們在這兒？怎麼回事？爲什麼？
何時來的？用什麼方法來的？
老天！多麼高興啊！

宣敘調

阿豐索：（小聲的對兩位男士說）
現在你們跟著我做。

費蘭多：
阿豐索，我的好朋友！

古烈摩：
親愛的朋友！
（輪流擁抱二人）

阿豐索：
噢！美好的重逢！

黛絲碧娜：（對阿豐索）
您認識他們兩位嗎？

阿豐索：
當然認識他們！
在這個世界上
他們是我最親密的朋友，
也將是妳們的朋友，

斐奧迪莉姬：
可是他們在這兒做什麼呢？

古烈摩：
親愛的女仕們，我們是兩個囚犯、罪人，
如今拜倒在妳們的石榴裙下！

伴奏宣敘調

古烈摩：

Amor...

愛情…

FIORDILIGI

Numi! che sento?

斐奧迪莉姬：
天啊！我聽到什麼！

FERRANDO

Amor, il nume, si possente
Per voi, qui ci conduce.
(Le donne si ritirano; essi le inseguono)

費蘭多：
愛人，是神的大能帶領我們
來到妳們跟前。
（兩位女士想轉身離去，他二人追趕過來）

GUGLIELMO

Vista appena la luce di vostre
Fulgidissime pupille...

古烈摩：
您明亮雙眸閃耀的光芒
吸引著我…

FERRANDO

Che alle vive faville...

費蘭多：
那閃亮如火花的眼神…

GUGLIELMO

Farfallette amorose e agonizzanti...

古烈摩：
我們好像為愛而情願受難的小飛蛾…

FERRANDO

Vi voliamo davanti...

費蘭多：
要飛到妳們面前…

GUGLIELMO

Ed ai lati ed a retro...

古烈摩：
圍繞在妳們身旁，

FERRANDO e GUGLIELMO

per implorar pietade in flebil metro!

費蘭多、古烈摩：
以哀傷的聲調乞求您們的憐憫！

FIORDILIGI

Stelle! Che ardir!

斐奧迪莉姬：
天啊！真是無恥之徒！

DORABELLA

Sorella, che facciamo?
(Despina esce Impaurita.)

朵拉貝拉：
姐姐，我們該怎麼辦？
（黛絲碧娜驚嚇逃出。）

FIORDILIGI

Temerari, Sortite fuori di questo loco!
E non profani l'alito infausto degli
Infami detti nostro cor, nostro orecchio,
E nostri affetti!
Invan per voi, per gli altri invan si cerca
Le nostre alme sedur: l'intatta fede
Che per noi già si diede ai cari amanti, saprem
loro serbar infino a morte, a dispetto del mondo
e della sorte!

斐奧迪莉姬：
你們這些莽夫！請速速離開此地！
不要再用這種下流的言詞來玷辱
我們的心靈、
耳朵和情感！
任何人若想引誘我們的靈魂，
都是徒勞無功，
我們獻給愛人的忠誠與堅貞將
至死不渝，
且睥睨命運和全世界！

No. 14 Aria

FIORDILIGI

Come scoglio immoto resta
Contra i venti e la tempesta,
Così ognor quest' alma è forte
Nella fede e nell' amore.
Con noi nacque quella face,
Che ci piace, e ci consola;
E potrà la morte sola
Far che cangi affetto il cor.
Rispettate, anime ingrate,
Questo esempio di costanza.
E una barbara speranza
Non vi renda audaci ancor.
(Van per partire. Ferrando la richiama;
Guglielmo richiama l'altra)

Recitativo secco

FERRANDO (a Filrdiligi)
Ah, non partite!

GUGLIELMO (a Dorabella)
Ah, barbara restate!
(sotto voce a Don Alfonso)
Che vi pare?

DON ALFONSO (sotto voce a Guglielmo)
Aspettate!
(alle due amanti)
Per carità, ragazze,
Non mi fate più far trista figura!

DORABELLA (con fuoco)
E che pretendereste?

DON ALFONSO
Eh, nulla... Ma mi pare...
Che un pocchin di dolcezza ...
Alfin son galant uomini e sono amici miei.

FIORDILIGI
Come! E udire dovrei?...

GUGLIELMO
Le nostre pene, e sentirne pietà!

第十四首　　詠嘆調

斐奧迪莉姬：

如同磐石一般堅定
抵抗著狂風暴雨，
這靈魂在愛與忠貞之中
永不撼搖。
內心的火焰
讓我們得到平安與慰藉，
而唯有一死，
方可使我們的情感改變。
你們這些令人厭惡的男人
應該尊重我的節操，
別再無禮地
心存妄想了。
（正待離去，費蘭多及古烈摩
呼喊著她們姊妹倆回頭）

宣敘調

費蘭多：（對斐奧迪莉姬）
啊，別走！

古烈摩：（對朵拉貝拉）
殘酷的女人，請留步！
（轉身對著阿豐索低語）
你覺得如何？

阿豐索：（在一旁向古烈摩）
等一等！
（對斐奧迪莉姬和朵拉貝拉）
拜託！小姐們，
請不要讓我太難堪。

朵拉貝拉：（生氣的）
這不正是您所期望的嗎？

阿豐索：
呃～沒什麼⋯但似乎對我有點⋯
可否溫柔一些⋯
終究，他們是高貴的男士、也是我的朋友。

斐奧迪莉姬：
什麼？叫我留下⋯⋯

古烈摩：
求妳們憐憫我們內心的痛苦！

這是一首難度極高的女高音詠嘆調，曲中充滿人聲特技：必須演唱極度寬廣的音域與音程、快速花腔音型、以及強大的爆發力與持續力。就聲音的表現能力來看，必須是一位兼具靈巧敏捷與剛強勇健的全能型女高音才能完整地演唱此曲。

進入快板（Allegro）的前四小節主題，取材自莫札特 1779 年聖樂作品《C 大調「加冕」彌撒》（K. 317）垂憐經（Kyrie）中的女高音獨唱部份。

La celeste beltà degli occhi vostri
La piaga aprì nei nostri
Cui rimediar può solo il balsamo d'amore:
Un solo istante il core aprite, o bella
A sue dolci facelle, a voi davanti
Spirar vedrete i più fedeli amanti.

請打開美麗的雙眸，那好比
愛的香膏般撫慰我們的創傷。
請打開心扉，美人兒，只要一會兒，
傾聽溫柔的話語；
妳們將會看到最忠心的愛人
在你們面前喘息。

No. 15 Aria

GUGLIELMO

Non siate ritrosi,
Occhietti vezzosi:
Due lampi amorosi
Vibrate un po' quà.
Felici rendeteci,
Amate con noi,
E noi felicissimi
Faremo anche voi.
Guardate, toccate,
Il tutto osservate:
Siam forti e ben fatti,
E come ognun vede,
Sia merito, o caso
Abbiamo, bel piede,
Bell' occhio, bel naso...
E questi mustacchi
Chiamare si possono
Trionfi degli uomini,
Pennacchi d'amor.
(Qui le ragazze partono con collera.)

SCENA DODICESIMA
— Ferrando, Guglielmo e Don Alfonso
(I due amanti ridono smoderatamente e burlano Don Alfonso.)

No. 16 Terzetto

DON ALFONSO
E voi ridete?

FERRANDO e GUGLIELMO
(Ridono foltissimo.)
Certo, ridiamo.

DON ALFONSO
Ma cosa avete?

第十五首　詠嘆調

古烈摩：
別害羞，
美麗的雙眸；
充滿愛意的眼神
使我心顫抖。
若是愛憐我們，
就請以幸福回報我們；
那我們是世上最幸福的男子，
也將曾使妳們快活。
看著我，觸摸我，
觀察這一切！
我們既強壯又英俊，
就如同大家所看到的。
還有些意外的優點：
我們有好腿，
大眼睛，高鼻子。
特別是這兩撇鬍子，
號稱男人
勝利的象徵，
是愛情的羽毛。
（此時兩位女孩氣憤的離開。）

第十二場
一費蘭多、古烈摩與阿豐索
（費與古二人誇張地大笑並嘲諷阿豐索）

第十六首　三重唱

阿豐索：
你們在笑？

費蘭多、古烈摩：
（大聲狂笑）
當然，真好笑。

阿豐索：
笑什麼？

本曲為輪旋曲式（Rondo Form），樂曲結構為A-B-A-C-A-D（半終止，緊接下一首編號十六的曲子）。莫札特曾為本曲先行寫作另一首比較長、比較困難的詠唱調版本〈Rivolgete a lui lo sguardo〉，準備交由義大利裔男低音演唱家柏努茨（Francesco Benucci, 1745-1824）首演古烈摩時之用；後來才以意義相同、但較為簡短的獨唱曲〈Non siate ritrosi〉代替，轉而將〈Rivolgete a lui lo sguardo〉作為音樂會詠唱調（KV. 584, 1789），題獻給柏努茨。另外值得一提的是，柏努茨之前也曾為莫札特擔任義大利喜歌劇《費加洛婚禮》首演的男主角費加洛，表現出色，令莫札特十分滿意。

FERRANDO e GUGLIELMO

Già lo sappiamo.

DON ALFONSO

Ridete piano!

FERRANDO e GUGLIELMO

Parlate invano!

DON ALFONSO

Se vi sentissero, se vi scoprissero,

Si guasterebbe tutto l'affar.

(fra sè)

Mi fa da ridere

Questo lor ridere,

Ma so che in piangere

Dee terminar.

FERRANDO e GUGLIELMO

(Ridono sotto voce, sforzandosi di non ridere.)

Ah, che dal ridere

L'alma dividere;

Ah, che le viscere

Sento scoppiar!

Recitativo secco

DON ALFONSO

Si può sapere un poco

La cagion di quel riso?

GUGLIELMO

Oh, cospettaccio!

Non vi pare che abbiam giusta ragione,

Il mio caro padrone?

FERRANDO (scherzando)

Quanto pagar volete,

E a monte è la scommessa?

GUGLIELMO (scherzando)

Pagate la metà.

FERRANDO (c.s.)

Pagate solo venti quattro zecchini.

DON ALFONSO

費蘭多、古烈摩：

我們早就料到這一切啦。

阿豐索：

小聲點！

費蘭多、古烈摩：

你是在白費唇舌！

阿豐索：

如果讓她們聽到，認出是你們，

整件事就搞砸啦！

（自言自語）

我才覺得好笑

真令人發噱，

但如果他們知曉最後結局的話，

恐怕哭都來不及了。

費蘭多、古烈摩：

（低聲的笑著，強迫自己憋住笑）

笑得我

靈魂都快爆裂了；

哈，哈，哈……

肚皮快笑破了！

宣敘調

阿豐索：

你們可否告訴我

為什麼笑得這麼厲害？

古烈摩：

真笑死我了！

我親愛的朋友，

您不覺得我們有正當的理由可以笑嗎？

費蘭多：（戲謔地）

我們賭了一堆的金幣，

您現在要付多少呢？

古烈摩：（戲謔地）

現在付一半好了。

費蘭多：（如先前）

目前您只要付二十四個金幣即可。

阿豐索：

Poveri innocentini!
Venite quà, vi voglio
Porre il ditino in bocca!

GUGLIELMO
E avete ancora coraggio di fiatar?

DON ALFONSO
Avanti sera ci parlerem.

FERRANDO
Quando volete!

DON ALFONSO
Intanto
Silenzio e ubbidienza
Fino a doman mattina.

GUGLIELMO
Siamo soldati, e amiam la disciplina.

DON ALFONSO
Or bene: andate un poco
Ad attendermi entrambi in giardinetto,
Colà vi manderò gli ordini miei.

GUGLIELMO
Ed oggi non si mangia?

FERRANDO
Cosa serve: A battaglia finita
Fia la cena per noi più saporita.

No. 17 Aria

FERRANDO
Un'aura amorosa
Del nostro tesoro
Un dolce ristoro
Al cor porgerà.
Al cor che nudrito
Da speme, d'amore,
D'un esca migliore
Bisogno non ha.
(Ferrando e Guglielmo partono)

SCENA TREDICESIMA

你們過來，我要把小指頭
放在你們的嘴巴裡！
實在是兩個天真可憐的小孩子！

古烈摩：
難道您還有膽繼續玩下去嗎？

阿豐索：
今晚之前我們得好好地談談。

費蘭多：
隨時奉陪！

阿豐索：
從現在開始
一直到明天早上
你們必須沉默並聽候我的指揮。

古烈摩：
我們是軍人，並且遵守紀律。

阿豐索：
那麼，
現在你們到花園裡等我，
我將給你們下一步的指示。

古烈摩：
難道今天我們不吃飯嗎？

費蘭多：
別儘說「吃」了！
這一場戰爭想必就是我們豐富的晚餐。

第十七首　詠嘆調

費蘭多：
愛人猶如
一陣溫暖的和風
使我內心
深感甜蜜的慰藉。
內心充滿
愛的希望，
不再被任何事物誘惑
另有所求。
（兩位年輕人下場）

第十三場

旋律抒情而優美的男高音詠唱調，樂曲的結構為A-B-A'-Coda（尾奏），沿用傳統的三段體返始詠唱調，但在重覆A段與曲尾作了些許延長樂句的變化，對男高音演唱者的聲音耐力有著極高的要求。

— Don Alfonso solo; poi Despina

一阿豐索單獨一人；然後黛絲碧娜

Recitativo secco

宣敘調

DON ALFONSO

Oh, la saria da ridere: sì poche
Son le donne costante in questo mondo,
E quì vene son due! Non sarà nulla ...
(Entra Despina.)
Vieni, vieni, fanciulla, e dimmi un poco
Dove sono e che fan le tue padrone?

阿豐索：
噢！真是荒唐可笑：
在這世上忠貞的女人已經不多，
而這裡竟然有兩個！實在令人無法置信
（黛絲碧娜進入）
小姐請過來一下，告訴我
妳的女主人們在那兒，她們正在做什麼？

DESPINA

Le povere buffone
Stanno nel giardinetto
A lagnarsi coll' aria e colle mosche
D'aver perso gli amanti.

黛絲碧娜：
這兩個可憐又可笑的女人
正在花圃裡
對著空氣和蒼蠅抱怨
因為她們失去了愛人。

DON ALFONSO

E come credi
Che l'affar finirà? Vogliam sperare
Che faranno giudizio?

阿豐索：
妳想
這整件事情已經結束了嗎？
我們應該知道她們是如何看待這件事？

DESPINA

Io lo farei;
E dove piangon esse io riderei,
Disperarsi, strozzarsi
Perchè parte un amante?
Guardate che pazzia!
Se ne pigliano due,
s'uno va via.

黛絲碧娜：
這交給我來辦；
她們在那兒哭我就在旁邊笑。
她們失意、無病呻吟
都是為了愛人離去嗎？
您想想這是多荒唐的事！
所以如果其中一位變心，
另外一個就會隨之動搖。

DON ALFONSO

Brava! questa è prudenza!
(fra sè)
Bisogna impuntigliarla.

阿豐索：
太好了！真是高明。
（在一旁自語）
我應該把整件事交給她。

DESPINA

È legge di natura,
E non prudenza sola: amor cos'è?
Piacer, comodo, gusto,
Gioja, divertimento,
Passatempo, allegria: non è più amore
Se incomodo diventa,
Se invece di piacer nuoce e tormenta.

黛絲碧娜：
這是自然的定律，
並不是我高明：愛情是什麼呢？
喜悅、舒適、氣味相投、
快樂、歡愉，
經過一段美好的時光後：愛情不復存在，
一旦產生困擾，
相反地只留下痛苦和傷害。

DON ALFONSO

阿豐索：

Ma intanto queste pazze...

但此時此刻那兩個瘋女孩……

DESPINA
Quelle pazze?
Faranno a modo nostro. E buon che sappiano
D'esser amate da color.

黛絲碧娜：
那兩個瘋女孩？
她們將照著我們的方式去做。到時候她們
就會知道這兩個男人是真心真意的。

DON ALFONSO
Lo sanno.

阿豐索：
對！她們會知道的。

DESPINA
Dunque riameranno.
"Diglielo", si suol dire,
"E lascia far al diavolo."

黛絲碧娜：
那麼再給她們一次機會。
就如人們所說的：
「讓一切的發展由魔鬼來主使」。

DON ALFONSO
E come far vuoi perchè ritornino
Or che partiti sono, e che li sentano
E tentare si lasciano
Queste tue bestioline?

阿豐索：
他們現在已經準備離開，
應該如何讓他們再回頭
並且要怎樣讓這兩個傻女人言聽計從，
又可以接受他們的誘惑呢？

DESPINA
A me lasciate
La briga di condur tutta la macchina.
Quando Despina macchina una cosa,
Non può mancar d'effetto: ho già menati
Mill' uomini pel naso,
Saprò menar due femmine.
Son ricchi i due monsieurs mustacchi?

黛絲碧娜：
這一切都交給我，
讓我來主使整個計劃。
當黛絲碧娜開始在腦筋裡鑽研某件事時
是不太可能出差錯的：
我已經牽過一千個男人的鼻子走，
更何況要指使這兩個女人。
那兩位八字鬍先生是不是很有錢呢？

DON ALFONSO
Son ricchissimi.

阿豐索：
他們非常有錢。

DESPINA
Dove son?

黛絲碧娜：
現在他們在哪裡？

DON ALFONSO
Sulla strada attendendomi stanno.

阿豐索：
正在外面的路上等著我。

DESPINA
Ite, e sul fatto per la picciola porta
A me riconduceteli: v'aspetto,
Nella camera mia.
Purchè tutto facciate
Quel ch'io v'ordinerò pria di domani
I vostri amici canteran vittoria;
Ed essi avranno il gusto ed io la gloria.

黛絲碧娜：
好哇！趕快帶他們從小門進來，
我們開始進行吧！
我在我的房間等你們。
只要照著我的計劃進行，
明天之前
你的朋友們將大唱勝利之歌；
他們得逞，而我也獲勝。

92

(Partono.)

SCENA QUATTORDICESIMA
— Giardinetto gentile;
due banchi d'erba ai lati.
Fiordiligi e Dorbella

No. 18 Finale

FIORDILIGI e DORABELLA
Ah, che tutta in un momento
Si cangiò la sorte mia!
Ah, che un mar pien di tormento,
È la vita omai per me!
Finchè meco il caro bene
Mi lasciar le ingrate stelle,
Non sapea cos' eran pene,
Non sapea languir cos' è.
Ah, che tutta in un momento
Si cangiò la sorte mia!
Ah, che un mar pien di tormento,
È la vita omai per me!

SCENA QUINDICESIMA
— Fiordiligi, Dorabella;
Ferrando, Guglielmo e Don Alfonso;
poi Despina

FERRANDO e GUGLIELMO (di dentro)
Si mora, sì, si mora,
Onde appagar le ingrate!

DON ALFONSO (di dentro)
C'è una speranza ancora:
Non fate, o dei, non fate!

FIORDILIGI e DORABELLA
Stelle, che grida orribili!

FERRANDO e GUGLIELMO (c.s.)
Lasciatemi!

DON ALFONSO (c.s.)
Aspettate!
(Ferrando e Guglielmo,
portando ciascuno una boccetta,
entrano seguiti da Don Alfonso.)

（他們離開）

第十四場
一精緻的小花園中，
綠意盎然的花木圍牆在兩邊，
斐奧迪莉姬及朵拉貝拉

第十八首　終曲

斐奧迪莉姬、朵拉貝拉：
啊，我的命運在一刹那間
全都改變了！
唉，苦海無邊
我生命中從未有過！
一直到愛人棄我而去
命運改變之前，
我不知什麼是痛苦，
什麼是悲傷。
啊，我的命運在一刹那間
全都改變了⋯
唉，苦海無邊
我生命中從未有過。

第十五場
一斐奧迪莉姬、朵拉貝拉；
費蘭多、古烈摩與阿豐索；
之後黛絲碧娜

費蘭多、古烈摩：（在舞台外）
讓我們去死，
那兩個沒良心的女人才稱心快意！

阿豐索：（在舞台外）
還有一點希望；
天啊，千萬別這麼做！

斐奧迪莉姬、朵拉貝拉：
老天！好可怕的哀號！

費蘭多、古烈摩：（同前）
放開我！

阿豐索：（同前）
等一下！
（費蘭多和古烈摩闖入，
各人手上都拿了一個小瓶子。
後頭緊跟著阿豐索）

FERRANDO e GUGLIELMO

L'arsenico mi liberi di tanta crudeltà!
(Bevono e gittan via le bocette.
Nel voltarsi vedono le due donne.)

FIORDILIGI e DORABELLA

Stelle! Un velen fu quello?

DON ALFONSO

Veleno buono e bello,
Che ad essi in pochi istanti
La vita toglierà.

FIORDILIGI e DORABELLA

Il tragico spettacolo
Gelare il cor mi fa!

FERRANDO e GUGLIELMO

Barbare, avvicinatevi:
D'un disperato affetto
Mirate il tristo effetto
E abbiate almen pietà.

FIORDILIGI e DORABELLA

Il tragico spettacolo
Gelare il cor mi fa.

**FIORDILIGI, DORABELLA, FERRANDO,
GUGLIELMO e DON ALFONSO**

Ah, che del sole il raggio
Fosco per me diventa.
Tremo, le fibre e l'anima
Par che mancar si senta,
Nè può la lingua o il labbro
Accenti articolar!
(Ferrando e Guglielmo cadono sopra i banchi
d'erba.)

DON ALFONSO

Giacchè a morir vicini
Sono quei meschinelli
pietade almeno a quelli
Cercate di mostrar.

FIORDILIGI, DORABELLA

Gente, accorrete, gente!
Nessuno, o dio, ci sente!

費蘭多、古烈摩：
讓砒霜解脫我的痛苦吧！
（喝下毒藥並丟掉小瓶子。
環視兩個女孩子。）

斐奧迪莉姬、朵拉貝拉：
天啊！那是毒藥嗎？

阿豐索：
那是最高級的毒藥，
能在片刻間
使人斃命！

斐奧迪莉姬、朵拉貝拉：
這個悲慘的情景
令我心寒！

費蘭多、古烈摩：
兩個沒良心的女人，
別靠過來，
求求妳們！對一個失戀的人
至少表示一點點同情吧。

斐奧迪莉姬、朵拉貝拉：
這個悲慘的情景
令我心寒！

斐奧迪莉姬、朵拉貝拉、費蘭多、古烈摩、
阿豐索：
啊！日月無光，
天昏地暗！
我的身體與靈魂
顫慄、發燙，
舌頭與嘴唇
發不出任何聲音！
（費蘭多、古烈摩面向下倒在草皮上）

阿豐索：
這兩個可憐人
已經快死了，
妳們總得表示一下
同情心吧。

斐奧迪莉姬、朵拉貝拉：
來人啊，快來人啊！
天啊！沒人聽見！

Arsenico，砒霜，一
種毒性極強的毒藥，

Despina! Despina!

黛絲碧娜！黛絲碧娜！

DESPINA (di dentro)
Chi mi chiama?

黛絲碧娜：（在幕後）
誰在叫我？

FIORDILIGI e DORABELLA
Despina! Despina!

斐奧迪莉姬、朵拉貝拉：
黛絲碧娜！黛絲碧娜！

DESPINA (in scena)
Cosa vedo!
Morti i meschini io credo,
O prossimi a spirar.

黛絲碧娜：（進入舞台）
我看到什麼！
我相信這兩位可憐人就要死了，
只剩最後一口氣。

DON ALFONSO
Ah, che pur troppo è vero!
Furenti, disperati,
Si sono avvelenati.
Oh amore singolar!

阿豐索：
啊，千眞萬確！
他們因絕望而發狂，
服毒自殺了！
哦！多麼罕見的偉大愛情啊！

DESPINA
Abbandonar i miseri
Saria per voi vergogna,
Soccorrerli bisogna.

黛絲碧娜：
妳們一直嫌惡這兩個可憐人
應該感到羞愧。
趕快設法救救他們吧。

FIORDILIGI, DORABELLA e DON ALFONSO
Cosa possiam mai far?

斐奧迪莉姬、朵拉貝拉、阿豐索：
我們能做什麼呢？

DESPINA
Di vita ancor dan segno,
Colle pietose mani
Fate un po lor sostegno.
(a Don Alfonso)
E voi con me correte:
Un medico un antidoto
Voliamo a ricercar.
(Despina e Don Alfonso partono.)

黛絲碧娜：
他們還有一口氣，
請伸出妳們憐憫的手
扶著他們。
（對阿豐索）
您和我一道去請醫生來，
我們再去找尋解毒藥。
（黛絲碧娜和阿豐索兩人走出。）

FIORDILIGI e DORABELLA
Dei! che cimento è questo!
Evento più funesto non si potea trovar!

斐奧迪莉姬、朵拉貝拉：
天啊，這事眞可怕！
從來沒碰過這麼不幸的事情！

FERRANDO e GUGLIELMO (fra sè)
Più bella comediola non si potea trovar!
(ad alta voce)
Ah!

費蘭多、古烈摩：（自言自語）
再也找不到這麼精采的一齣喜劇！
（提高聲調）
啊！

FIORDILIGI e DORABELLA
(stando lontano dagli amanti)
Sospiran gl'infelici!

斐奧迪莉姬、朵拉貝拉：
（站在遠處）
這兩個不幸的人在喘氣！

FIORDILIGI
Che facciamo?

斐奧迪莉姬：
我們該如何是好？

DORABELLA
Tu che dici?

朵拉貝拉：
妳說呢？

FIORDILIGI
In momenti si dolenti
Chi potrial il abbandonar?

斐奧迪莉姬：
在這個痛苦的時刻，
誰能夠把他們丟到一邊呢？

DORABELLA (Si accosta un poco.)
Che figure interessanti!

朵拉貝拉：（靠近一點）
他們看起來很好玩！

FIORDILIGI (Si accosta un poco.)
Possiam farci un poco avanti.

斐奧迪莉姬：（靠近一點）
我想我們可以靠近他們一點。

DORABELLA
Ha fredissima la testa.

朵拉貝拉：
他的額頭冷冰冰的。

FIORDILIGI
Fredda, fredda è ancora questa.

斐奧迪莉姬：
這一個人的額頭也是冷冰冰的。

DORABELLA
Ed il polso?

朵拉貝拉：
脈搏如何呢？

FIORDILIGI
Io non gliel' sento.

斐奧迪莉姬：
毫無感覺。

DORABELLA
Questo batte lento, lento.

朵拉貝拉：
這個人心跳緩慢。

FIORDILIGI e DORABELLA
Ah, se tarda ancor l'aita,
Speme più non v'è di vita.

斐奧迪莉姬、朵拉貝拉：
啊，如果再延誤醫治，
恐怕生命就無望了。

FERRANDO e GUGLIELMO (fra sè)
Più domestiche e trattabili
Sono entrambe diventate:
Sta a veder che lor pietate
Va in amore a terminar.

費蘭多、古烈摩（自語）
她們已變得
溫柔馴服多了。
等著瞧，最後她們的同情
會變成愛情。

FIORDILIGI e DORABELLA
Poverini, Poverini! La lor morte

斐奧迪莉姬、朵拉貝拉：
可憐人，他們的死

Mi farebbe lagrimar.

SCENA SEDICESIMA
— Fiordiligi, Dorabella, Ferrando! Guglielmo;
Despina travestita da medico e Don Alfonso

DON ALFONSO
Eccovi il medico, signore belle.

FERRANDO e GUGLIELMO (fra sè)
Despina in maschera!
Che trista pelle!

DESPINA
Salvete amabiles bones puelles!

FIORDILIGI e DORABELLA
Parla un linguaggio che non sappiamo.

DESPINA
Come comandano, dunque parliamo:
So il greco e l'arabo,
So il turco e il vandalo;
Lo svevo e il tartaro
So ancor parlar.

DON ALFONSO
Tanti linguaggi per se conservi.
Quei miserabili per ora osservi:
Preso hanno il tossico, che si può far?

FIORDILIGI e DORABELLA
Signor dottore, che si può far?

DESPINA
(Tocca il polso e la fronte all'uno e all'altro.)
Saper bisognami pria la cagione,
E quinci l'indole della pozione:
Se calda o frigida, se poca o molta,
Se in una volta, ovvero in più.

FIORDILIGI, DORABELLA e DON ALFONSO
Preso han l'arsenico, signor dottore,
Qui dentro il bebbero, La causa è amore
Ed in un sorso sel mandar giù.

叫我淚汪汪。

第十六場
—斐奧迪莉姬、朵拉貝拉、費蘭多、古烈摩，黛絲碧娜喬裝醫生與阿豐索進入

阿豐索：
女士們，醫生來了。

費蘭多、古烈摩：（自言自語）
黛絲碧娜喬裝成醫生！
多麼悲傷的臉孔！

黛絲碧娜：
沙威帖阿媽必類蹦內斯舖耶累思！

斐奧迪莉姬、朵拉貝拉：
他說的是哪一國話？我從未聽過。

黛絲碧娜：
根據您的指示，我們來談一談：
我懂希臘文、阿拉伯文，
會說土耳其話和汪達爾話，
甚至能講瑞典文
和韃靼文。

阿豐索：
這些語文您自個兒留著慢慢用；
現在趕緊瞧瞧這兩個可憐蟲；
他們喝了毒藥；可怎麼辦才好？

斐奧迪莉姬、朵拉貝拉：
醫生大人，怎麼辦才好？

黛絲碧娜：
（觸摸兩人的脈息和額頭。）
我要先查出
毒藥的種類和劑量：
是冷的、還是熱的；是一點點、還是很多；
是一口氣喝下的、還是分幾次喝的。

斐奧迪莉姬、朵拉貝拉、阿豐索：
醫生大人，他們喝的是砒霜；
在這兒喝下去的。為了愛情的緣故
一口氣就喝光了。

汪達爾人（vandalo）是指日爾曼民族中的支族，於西元五世紀時舉兵南侵，破壞羅馬文明，並曾於北非建立王國，爲中世紀蠻族之一。

DESPINA

Non vi affannate, non vi turbate:
Ecco una prova di mia virtù.

FIORDILIGI, DORABELLA e DON ALFONSO

Egli ha di un ferro la man fornita.

DESPINA

(Tocca con un pezzo di calamita la testa
ai finti infermi e striscia dolcemente
i loro corpi per lungo.)
Questo è quel pezzo di calamita,
Pietra Mesmerica,
Ch' ebbe l'origine nell'Alemagna,
Che poi sì celebre là in Francia fù.
(Ella agita la calamita sui due presunti Invalidi)

FIORDILIGI, DORABELLA e DON ALFONSO

Come si muovono, torcono, scuotono!
In terra il cranio presto percuotono.

DESPINA

Ah, lor la fronte tenete sù.

FIORDILIGI e DORABELLA

Eccoci pronte.
(Metton la mano alla fronte dei due amanti.)

DESPINA

Tenete forte.
Coraggio!
Or liberi siete da morte.

FIORDILIGI, DORABELLA e DON ALFONSO

Attorno guardano: forze riprendono...
Ah, questo medico vale un Perù!

FERRANDO e GUGLIELMO

(Sorgono in piedi.)
Dove son? Che loco è questo?
Chi è colui? Color chi sono?
Son di Giove innanzi al trono?
(Ferrando a Fiordiligi,
Guglielmo a Dorabella)

黛絲碧娜：
不必擔憂，不用煩心；
現在做一個實驗以證明我的能力。

斐奧迪莉姬、朵拉貝拉、阿豐索：
他手上拿了一塊鐵。

黛絲碧娜：
（用一塊磁鐵
觸摸裝病的年輕人的頭部，
他們的身體慢慢地蠕動著。）
這是一塊催眠磁鐵，
叫做梅氏磁石，
原產於德國，
在法國非常有名氣。
（她搖擺著磁鐵在兩個假裝虛弱的人身上）

斐奧迪莉姬、朵拉貝拉、阿豐索：
他們在扭動，搖晃，爬起來！
頭幾乎撞到地上了。

黛絲碧娜：
現在扶著他們的頭。

斐奧迪莉姬、朵拉貝拉：
我們準備好了，一切就緒。
（將手放在他們的額頭。）

黛絲碧娜：
用點力，
加油！
現在你們終於死裡逃生。

斐奧迪莉姬、朵拉貝拉、阿豐索：
他們四處張望，體力恢復了……
這位大夫的醫術有如秘魯珍貴的黃金！

費蘭多、古烈摩：
（慢慢站起）
我在哪裡？這是什麼地方？
他是誰？她們又是誰？
我們是不是在宙斯的寶座前？
（費蘭多轉向斐奧迪莉姬，
古烈摩向朵拉貝拉）

梅氏磁石（La pietra Mesmerica）由十八世紀奧國醫生梅斯麥（Franz Anton Mesmer, 1734-1815）發明，主要用於磁石治療與催眠術等。莫札特早已知道這種著名療法，並曾套用於年輕時所寫的歌劇作品《巴斯提安與巴斯提安娜》（Bastien und Bastienne, KV. 50）之中。
黛絲碧娜在此處以磁鐵治病時引發雙重效應，不僅兩位男士肢體受磁力影響而顫動，同時還引出樂團與戴絲碧娜以二度音程來回快速擺盪的震音（trill）音型。

Sei tu Palla, o Citerea?
No... tu sei l'alma mia Dea:
Tì ravviso al dolce viso
E alla man ch'or ben conosco
E che sola è il mio tesor.
(Abbracciati le amanti teneramente e bacian loro la mano.)

妳是帕拉、還是綺特雷雅女神？
不，妳是我心中的女神，
我認得妳那甜美的容貌
和這雙寶貝的小手，
很明顯地，妳是我的寶藏。
（溫柔地擁抱兩位女士，吻她們的手。）

Palla 與 Citerea 分別指希臘神話中的雅典娜（Athena，別名帕拉斯 Pallas）與維納斯（Venus）女神。

DESPINA e DON ALFONSO (alle ragazze)
Son effetti ancor del tosco:
Non abbiate alcun timor.

黛絲碧娜、阿豐索：（對著兩位小姐）
那是毒藥的反應。
妳們不必害怕。

FIORDILIGI e DORABELLA
Sarà ver, ma tante smorfie
Fanno torto al nostro onor.

斐奧迪莉姬、朵拉貝拉：
雖然如此，但這會傷害
我們的名譽。

FERRANDO e GUGLIELMO
(fra sè, insieme con gli altri quattro,
che ripetono i loro versi)
Dalla voglia ch' ho di ridere,
Il polmon mi scoppia oror.
(Ferrando a Fiordiligi, Guilehno a Dorabella)
Per pietà, bell' idol mio...

費蘭多、古烈摩：
（自語，與其他四人一起，
反覆唱他們自己的辭句）
我真想開懷大笑，
這樣子憋著，肺都快炸開了。
（費蘭多對斐奧迪莉姬，古烈摩對朵拉貝拉）
請可憐可憐我吧，愛人……

FIORDILIGI e DORABELLA
Più resister non poss' io!

斐奧迪莉姬、朵拉貝拉：
我已無法抗拒！

FERRANDO e GUGLIELMO (c.s.)
Volgi a me le luci liete!

費蘭多、古烈摩：（同前）
請用妳那愉悅的眼神望著我吧！

DESPINA e DON ALFONSO (alle ragazze)
In porch' ore lo vedrete,
Per virtù del magnetismo
Finire quel parossismo,
Torneranno al primo umor.

黛絲碧娜、阿豐索：（對女士們）
您瞧：再過幾個小時，
磁鐵的魔力
將會發生效力，
他們也將回到原先的面貌。

FERRANDO e GUGLIELMO
Dammi un bacio, o mio tesoro;
Un sol bacio, o qui mi moro!

費蘭多、古烈摩：
給我一個吻，我的寶貝，
只要一個，不然我就死在妳面前！

FIORDILIGI e DORABELLA S
Stelle, un bacio?

斐奧迪莉姬、朵拉貝拉：
天啊！一個吻！

DESPINA e DON ALFONSO (alle ragazze)
Secondate per effetto di bontate.

黛絲碧娜、阿豐索：（對著兩位小姐）
就順著他們的要求吧，仁慈一點。

FIORDILIGI e DORABELLA

斐奧迪莉姬、朵拉貝拉：

Ah, che troppo si richiede
Da una fida onesta amante.
Oltraggiata è la mia fede,
Oltraggiato è questo cor!

DESPINA e DON ALFONSO (fra sè)
Un quadretto più giocondo
Non si vede in tutto il mondo.
Quel che più mi fa da ridere
È quell' ira e quel furor.

FERRANDO e GUGLIELMO (fra sè)
Un quadretto più giocondo
Non si vede in tutto il mondo.
Ma non so se finta o vera
Sia quell' ira e quel furor.

FIORDILIGI e DORABELLA
Disperati, attossicati,
Ite al diavol quanti siete!
Tardi inver vi pentirete,
Se più cresce il mio furor!

DESPINA e DON ALFONSO
(fra sè, insieme con Fiordiligi e Dorabella
che ripetono la loro quartina)
Un quadretto più giocondo
Non si vide in tutto il mondo.
Quel che più mi fa da ridere
È quell' ira e quel furor!
Ch'io ben so che tanto foco
Cangerassi in quel d'amor.

FERRANDO e GUGLIELMO (fra sè, insieme
con Fiordiligi e Dorabella che ripetono la loro
quartina)
Un quadretto più giocondo
Non s'è visto, in questo mondo.
Ma non so se finta o vera
Sia quell'ira e quel furor.
Nè vorrei che tanto foco,
Terminasse in quel d'amor.

FINE DELL'ATTO PRIMO

ATTO II

啊，一個忠誠如我的人，
他的要求實在太過份。
我的真誠受到侮辱，
良心也被傷害！

黛絲碧娜、阿豐索：（小聲唱）
一齣精采好戲上演
全世界千載難逢…
那樣的怒火，
簡直快讓我笑翻了！

費蘭多、古烈摩：（自言自語）
一齣精采好戲上演
全世界千載難逢…
但不知她們的怒火
是真是假。

斐奧迪莉姬、朵拉貝拉：
失望，苦惱，
你們這群魔鬼全都滾開！
如果我怒火上昇，
你們會後悔不及！

黛絲碧娜、阿豐索：
（自語，與斐奧迪莉姬、朵拉貝拉
一直反覆唱著他們的小四重唱）
一齣精采好戲上演
全世界千載難逢…
那樣的怒火，
簡直快讓我笑翻了！
我們對她們內心的熱情瞭若指掌。
她們的怒火將變成愛情。

費蘭多、古烈摩：
（自語，與斐奧迪莉姬與朵拉貝拉一直反覆
唱著他們的小四重唱。）
一齣精采好戲上演
全世界千載難逢…
但不知她們的怒火
是真是假！
我不希望她們的怒火
最後變成愛情。

落 幕

第二幕

SCENA PRIMA
— Camera. Fiordiligi, Dorabella e Despina

Recitativo secco

DESPINA
Andate là, che siete due bizzarre ragazze!

FIORDILIGI
Oh, cospettaccio! Cosa pretenderesti?

DESPINA
Per me nulla.

FIORDILIGI
Per chi dunque?

DESPINA
Per voi.

DORABELLA
Per noi?

DESPINA
Per voi:
Siete voi donne, o no?

FIORDILIGI
E per questo?

DESPINA
E per questo
Dovete far da donne.

DORABELLA
Cio è?

DESPINA
Trattar l'amore en bagatelle.
Le occasioni belle non negliger giammai!
Cangiar a tempo, a tempo esser costanti,
Coquettizar con grazia;
Prevenir la disgrazia, sì comune
A chi si fida in uomo,
Mangiar il fico e non gittare il pomo.

FIORDILIGI (fra sè)

第一場
一房間。斐奧迪莉姬、朵拉貝拉與黛絲碧娜

宣敘調

黛絲碧娜：
走啊！妳們這兩個女人眞怪！

斐奧迪莉姬：
老天！現在妳又要搞什麼名堂？

黛絲碧娜：
對我來說眞的無所謂。

斐奧迪莉姬：
那到底是爲了誰？

黛絲碧娜：
爲了妳們。

朵拉貝拉：
爲我們？

黛絲碧娜：
是啊！
妳們到底是不是女人？

斐奧迪莉姬：
什麼意思？

黛絲碧娜：
我的意思是：如果妳們是女人的話
就要十足像個女人。

朵拉貝拉：
怎麼做？

黛絲碧娜：
對付情人是雞毛蒜皮之事，
從不錯過任何良機；
必要時見風轉舵，有時必須拿定主意，
優雅地談情說愛，
在一堆相同的男人中
預知誰是值得信賴，誰會製造煩惱，
把他們當果子吃掉，連核都不吐出來。

斐奧迪莉姬：（自言自語）

Che diavolo!
(a Despina) Tai cose falle tu,
Se n'hai voglia.

DESPINA

Io già le faccio.
Ma vorrei che anche voi,
Per gloria del bel sesso,
Faceste un po' lo stesso.
Per esempio: i vostri Ganimedi
Son andati alla guerra?
Infin che tornano,
Fate alla militare: reclutate.

DORABELLA

Il cielo ce ne guardi!

DESPINA

Eh! che noi siamo in terra, e non in cielo!
Fidatevi al mio zelo. Giacchè questi
Forestieri v'adorano,
lasciatevi adorar.
Son ricchi, belli, nobili, generosi,
Come fede fece a voi Don Alfonso;
Avean coraggio di morire per voi:
Questi son merti, che sprezzar non si denno
Da giovani qual voi belle e galanti,
Che pon star senza amor, non senza amanti.
(fra sè)
Par che ci trovin gusto.

FIORDILIGI

Per Bacco ci faresti far delle belle cose;
Credi tu che vogliamo
Favola diventar degli oziosi?
Ai nostri cari sposi
Credi tu che vogliam dar tal tormento?

DESPINA

E chi dice, che abbiate
A far loro alcun torto?

DORABELLA

Non ti pare, che sia torto bastante,
Se noto si facesse, che trattiamo costor?

DESPINA

眞是見鬼！
（對黛絲碧娜）如果這是妳的意願的話，
那妳就儘管去做好了。

黛絲碧娜：
我已經做了。
但我希望妳們也能跟我一樣，
爲我們女人爭光。
比如說：
妳們的公子哥兒們
不是已經上戰場去打仗了嗎？
一直到他們回來之前，
妳們也可以披掛從軍去呀！

朵拉貝拉：
老天爺有眼啊！不可能如此吧！

黛絲碧娜：
哎！我們活在地上，又不是在天上！
妳們要相信我是眞心眞意的：現在
兩個外邦人正在熱戀著妳們，
何不見風轉舵呢，
他們富有、英俊、高貴、寬大，
就如阿豐索對妳們保證過的一樣好；
而且有足夠的勇氣爲妳們去赴死，
這一大堆優點，竟然難以得到妳們
這般美麗迷人女子的青睞，著實遺憾，
而妳倆竟然能爲愛人活著卻沒有實質的愛
情。（自言自語）
好像越來越有意思了。

斐奧迪莉姬：
老天，妳以爲正在教我們一些好的想法
我們難道願意
把愛情當做打發時間的話題來閒聊嗎？
難道我們願意
製造未婚夫的痛苦嗎？

黛絲碧娜：
誰說妳們一定要
傷害他們呢？

朵拉貝拉：
難道妳不覺得如果我們接受這些男人的感
情，會對他們造成傷害嗎？

黛絲碧娜：

Ganimedi（英
Ganymede）是希臘神
話中爲眾神斟酒的俊
美少年，在此爲戴絲
碧娜揶揄兩位小姐心
上人的挖苦詞。

Bacco（英Bacchus）羅
馬酒神名，即希臘酒
神狄奧尼索斯，代表
創作詩的靈感泉源。

Anche per questo c'è un mezzo sicurissimo,
Io voglio sparger fama, che vengono da me.

這件事我有十足的把握：
當他們來找我時，
我會把你們的操守明白地告知他們。

DORABELLA

Chi vuol che il creda?

朵拉貝拉：
如果他們不相信呢？

DESPINA

Oh, bella! Non ha forse
Merto una cameriera d'aver due cicisbei?
Di me fidatevi.

黛絲碧娜：
那好啊！
我也可以說他們兩個是來追求我的，
這對一個女僕來說不正是美事一樁嗎？
沒問題！相信我吧。

FIORDILIGI

No, no, son troppo audaci
Questi tuoi forestieri.
Non ebber la baldanza
Fin di chieder dei baci?

斐奧迪莉姬：
不，我不敢！
這兩個外邦人實在太魯莽；
他們的最終目的
不就是想得到我們的吻嗎？

DESPINA (fra sè)

Che disgrazia!
(alle padrone) Io posso assicurarvi
Che le cose che han fatto
Furo effetti del tossico, che han preso,
Convulsioni, deliri,
Follie, vaneggiamenti.
Ma or vedrete, come sono discreti,
Manierosi, modesti e mansueti.
Lasciateli venir.

黛絲碧娜：（自言自語）
眞糟糕！
（對著倆位女主人）我可以向妳們擔保
他們的大膽粗魯行徑，
愚蠢的喃喃自語、抽蓄、發癲，
都是因爲喝了
毒藥的緣故。
但現在妳們看，他們是如此的周到、
有禮、謙虛與溫和。
讓他們來吧！

DORABELLA

E poi?

朵拉貝拉：
然後呢？

DESPINA

E poi...
Caspita! Fate voi!
(fra sè)
L'ho detto che cadrebbero.

黛絲碧娜：
然後就……
天啊！然後就看妳們的本事啦！
（自言自語）
這下子我確定她們一定中計了。

FIORDILIGI

Cosa dobbiamo far?

斐奧迪莉姬：
我們該怎麼辦？

DESPINA

Quel che volete.
Siete d'ossa, e di carne, o cosa siete?

黛絲碧娜：
做自己想做的：
妳們到底是不是血肉之軀呀？

No. 19 Aria

第十九首　詠嘆調

DESPINA

Una donna a quindici anni
Dee saper ogni gran moda,
Dove il diavolo ha la coda,
Cosa è bene, e mal cos' è,
Dee saper le maliziette,
Che innamorano gli amanti,
Finger riso, finger pianti,
Inventar i bei perchè.
Dee in un momento
Dar retta a cento,
Colle pupille
Parlar con mille,
Dar speme a tutti,
Sien belli o brutti;
Saper nascondersi
Senza confondersi;
Senza arrossire
Saper mentire.
E qual regina
Dall' alto soglio,
Col posso e voglio
Farsi ubbidir.
(fra sè)
Par ch'abbian gusto di tal dottrina,
Viva Despina, che sa servir!
(Parte)

SCENA SECONDA
— Fiordiligi e Dorabella

Recitativo secco

FIORDILIGI
Sorella, cosa dici?

DORABELLA
Io son stordita
Dallo spirto infernal di tal ragazza.

FIORDILIGI
Ma credimi: è una pazza.
Ti par che siamo in caso
Di seguir suoi consigli?

DORABELLA
Oh! certo, se tu pigli

黛絲碧娜：
一個十五歲的女子
必須知曉每一種流行趨勢
清楚地明瞭世道詭詐，
人心善惡，
這要能用一點心計，
讓情人們愛戀我們，
假裝笑、假裝哭，
編造許多冠冕堂皇的理由。
能在片刻間
應付百人，
與千萬人
放送秋波。
給所有的人希望，
不論英俊或醜陋的；
隨時知道隱藏缺點，
而毫不驚慌失措；
懂得撒謊，
一點也不害臊。
有如皇后一般
從高高的寶座上
下達她的「權力和欲望」
叫人人聽從。
（自言自語）
她們對這套理論好像頗有興趣的樣子！
太棒了！黛絲碧娜知道如何侍候主人！
（她離去）

第二場
一斐奧迪莉姬與朵拉貝拉

宣敘調

斐奧迪莉姬：
妹妹，妳看如何？

朵拉貝拉：
這女孩子的一堆鬼點子
簡直讓我吃驚。

斐奧迪莉姬：
但是，我想她只是個瘋婆子。
妳想我們該聽從
她的忠告嗎？

朵拉貝拉：
那當然，如果妳心裡一直反反覆覆

西西里舞曲（Siciliana）優閑舒緩的6/8拍節奏，在一開始的行板（Andante）緩和的速度中，氣氛安詳。黛絲碧娜意味深遠地教導兩位小姐在爾虞我詐的花花世界中女性該如何自保，進而享樂人間。
進入稍快板（Allegretto）之後，6/8拍舞曲的輕盈感未減，更增加了歡樂的氣氛。戴絲碧娜正帶領著兩位小姐享樂人間。

Pel rovescio il negozio.

FIORDILIGI
Anzi io lo piglio per il suo verso dritto:
Non credi tu delitto,
Per due giovani omai promesse spose
Il far di queste cose?

DORABELLA
Ella non dice che facciamo alcun mal.

FIORDILIGI
E mal che basta il far parlar di noi.

DORABELLA
Quando si dice che vengon per Despina!...

FIORDILIGI
Oh, tu sei troppo larga di coscienza!
E che diranno gli sposi nostri?

DORABELLA
Nulla: o non sapran l'affare,
Ed è tutto finito;
O sapran qualche cosa,
E allor diremo che vennero per lei.

FIORDILIGI
Ma i nostri cori?

DORABELLA
Restano quel che sono;
Per divertirsi un poco, e non morire
Della malinconia,
Non si manca di fè, sorella mia.

FIORDILIGI
Questo è ver.

DORABELLA
Dunque?

FIORDILIGI
Dunque fa un po tu: ma non voglio
Aver colpa, se poi nasce un imbroglio.

拿不定主意的話。

斐奧迪莉姬：
我寧可好好地把持住自己：
難道妳不認為
兩位曾經訂過婚、發過誓的年輕女人，
如果這麼做的話，是罪過嗎？

朵拉貝拉：
可是她說我們並沒有什麼罪過。

斐奧迪莉姬：
如果有人在背後指指點點的話就糟糕了。

朵拉貝拉：
到時候就說他們是為黛絲碧娜而來的！

斐奧迪莉姬：
喂，妳簡直太沒良心了！
那我們又將如何面對自己的未婚夫呢？

朵拉貝拉：
沒什麼啊！也許他們什麼都不知道，
一切就結束了；
也許他們將知道一些事，
到時就解釋說這兩個男人
是沖著黛絲碧娜而來的。

斐奧迪莉姬：
但是我們的良心呢？

朵拉貝拉：
若把他們留下來；
或許還可以讓自己高興些，
不致因憂鬱而死，
這並不表示我們不忠心啊！好姐姐。

斐奧迪莉姬：
這倒是真的。

朵拉貝拉：
所以呢？

斐奧迪莉姬：
所以妳就做妳想做的；但是如果以後
發生麻煩的話，我可不願意擔當罪過。

DORABELLA

Che imbroglio nascer deve,

Con tanta precauzion, per altro ascolta,

Per intenderci bene,

Qual vuoi scieglier per te de' due Narcisi?

FIORDILIGI

Decidi tu, sorella.

DORABELLA

Io già decisi.

No. 20 Duetto

DORABELLA

Prenderò quel brunettino,

Che più lepido mi par.

FIORDILIGI

Ed intanto io col biondino

Vo un po ridere e burlar.

DORABELLA

Scherzosetta ai dolci detti

Io di quel risponderò.

FIORDILIGI

Sospirando, i sospiretti

Io dell' altro imiterò.

DORABELLA

Mi dirà, ben mio, mi moro!

FIORDILIGI

Mi dirà, mio bel tesoro!

FIORDILIGI e DORABELLA

Ed intanto che diletto,

Che spassetto io proverò!

(Partono e s'incontrano in Don Alfonso)

SCENA TERZA

— Fiordiligi, Dorabella e Don Alfonso

Recitativo secco

朵拉貝拉：

如果我們十分小心，

怎可能會發生麻煩呢？

另一點，妳得仔細聽好：

我們應該互相坦白

這兩個自戀狂妳想要選擇那一個呢？

斐奧迪莉姬：

妳決定就好，妹妹。

朵拉貝拉：

我已決定好了。

第二十首　二重唱

朵拉貝拉：

我看中那個褐色皮膚的小子，

他好像比較合我的胃口。

斐奧迪莉姬：

我只好找那個金髮的

戲弄一下。

朵拉貝拉：

我將開玩笑地回答

他的甜言蜜語。

斐奧迪莉姬：

我要模仿

另外一個的喘息。

朵拉貝拉：

他會說：我的愛，我快死了！

斐奧迪莉姬：

他會說：妳是我的心肝寶貝！

斐奧迪莉姬、朵拉貝拉：

此時此刻真是令人愉快，

我們將會嚐到許多樂趣！

（正待離去就遇到阿豐索）

第三場

—斐奧迪莉姬、朵拉貝拉與阿豐索

宣敘調

Narcisi 為希臘美少年納西色斯（Narcissus），因為過於眷戀自己映在湖面上的俊美倒影，於是墜落湖中而死，死後在湖畔化為水仙。這裏用於諷刺費蘭多與古烈摩所假扮的外國人為「自戀狂」。

DON ALFONSO

Ah, correte al giardino,
Le mie care ragazze! Che allegria!
Che musica! che canto!
Che brillante spettacolo! Che incanto!
Fate presto, correte!

DORABELLA

Che diamine esser può?

DON ALFONSO

Tosto vedrete.
(Partono)

SCENA QUARTA

— Giardino alla riva del mare, con sedili d'erba
e due tavolini di pietra. Alla sponda una barca
ornata di fiorì.
Ferrando, Guglielmo, Despina, Fiordiligi,
Dorabella, Don Alfonso, marinai e servi
(Ferrando e Guglielmo con banda disuonatori e
coro di marinai — cantatori e cantatoci — nella
barca; Despina nel giardino; Fiordiligi e Dorbella,
accompagnate da Don Alfonso, vengono da lato;
servi riccamente vestiti.)

No. 21 Duetto con Coro

FERRANDO e GUGLIELMO

Secondate, aurette amiche,
Secondate i miei desiri,
E portate i miei sospiri
Alla dea di questo cor.
Voi, che udiste mille volte
Il tenor delle mie pene;
Ripetete al caro bene,
Tutto quel che udiste allor.

CORO

Secondate, aurette amiche,
Il desir di sì bei cor.
(Nel tempo del ritornello di questo coro,
Ferrando e Guglielmo scendono con catene di
fiori. Don Alfonso e Despina li conducono
davanti alle due amanti, che resteranno ammutite
ed attonite.)

阿豐索：

啊！親愛的小姐們，
趕快到花園去！真高興！
悠揚的音樂和歌聲！
輝煌動人的場面！
妳們趕快去看吧！

朵拉貝拉：

到底是在搞什麼鬼？

阿豐索：

馬上妳們就會看到了。
（他們離去）

第四場

一靠近岸邊的花園，幾張涼椅和兩張石桌。
一條裝飾花朵的舢舨停泊在小碼頭。
費蘭多、古烈摩、黛絲碧娜、斐奧迪莉姬、
朵拉貝拉、阿豐索、水手和僕人
（費蘭多與古烈摩在一艘有音樂與歌聲的小
船上；黛絲碧娜在花園裡，而斐奧迪莉姬與
朵拉貝拉伴隨著阿豐索；穿著華麗服飾一起
等待著兩位貴客的到來）

第二十一首　二重唱與合唱

費蘭多、古烈摩：

和善的微風喲！請傳送我的歌聲，
幫助我實現願望，
帶著我的嘆息和這顆痴慕的心
到愛戀的女人身邊。
愛人喲！我痛苦的呻吟
妳已聽過千萬遍；
對妳想一再重覆說的，
都是那些妳已聽過的。

合唱：

和善的微風喲！請傳送我們的歌聲，
讓你充滿渴慕的心靈得以滿足。
（當合唱重覆樂段時，
費蘭多與古烈摩拿著花環下船。
阿豐索與黛絲碧娜引領他倆
到女士們的前面，
而兩個女孩子保持沉默和驚愕的表情）

木管溫潤、優美的合奏樂音，作為本曲的導奏，搭配中聲部的男高音與男中音的二重唱音色，相得益彰。全曲使用傳統三段體（A-B-A'）的音樂結構。

Recitativo secco

DON ALFONSO
(ai servi che portano bacili con fiori)
Il tutto deponete sopra quei tavolini,
E·nella barca ritiratevi, amici.

FIORDILIGI e DORABELLA
Cos' è tal mascherata?

DESPINA (a Ferrando e Guglielmo)
Animo, via, coraggio!
Avete perso L'uso della favella?
(La barca s'allontana dalla sponda.)

FERRANDO
Io tremo, e palpito dalla testa alle piante.

GUGLIELMO
Amor lega le membra a vero amante.

DON ALFONSO (alle donne)
Da brave incoraggiateli!

FIORDILIGI (agli amanti)
Parlate.

DORABELLA (agli amanti)
Liberi dite pur quel che bramate!

FERRANDO
Madama...

GUGLIELMO
Anzi Madame...

FERRANDO (a Guglielmo)
Parla pur tu.

GUGLIELMO (a Ferrando)
No, no, parla pur tu.

DON ALFONSO
Oh! cospetto del diavolo!
Lasciate tali smorfie del secolo passato:
Despinetta, terminiam questa festa,
Fa tu con lei, quel ch'io farò con questa.

宣敘調

阿豐索：
（對著提花籃的僕人們）
朋友們，請把所有的東西都放在小桌子上，
然後回到船上。

斐奧迪莉姬、朵拉貝拉：
為什麼要躲躲閃閃的？

黛絲碧娜：（向費蘭多與古烈摩）
振作點，來呀，鼓起勇氣！
難道你們已經失去說話能力？
（舢舨遠離岸邊。）

費蘭多：
我從頭到腳顫抖搖晃。

古烈摩：
愛情綑綁了一個有情人的四肢。

阿豐索：（向女士們）
好好鼓勵他們一下吧。

斐奧迪莉姬：（向男士們）
說話呀！

朵拉貝拉：（向男士們）
你們坦白地把心裡想說的都說出來。

費蘭多：
女士，我……

古烈摩：
女士，我也……

費蘭多：（向古烈摩）
你說好了。

古烈摩：（向費蘭多）
不，還是你說好了。

阿豐索：
唉，老天爺！搞什麼鬼嘛！
別再用這種舊時代的虛偽老套了。
黛絲碧娜小姐，讓我們來做一個歡喜的收
場；妳幫她，我幫另一個。

No. 22 Quartetto
DON ALFONSO
(prende per mano Dorabella.)
(Despina prende Fiordiligi. ecc.)
La mano a me date,
movetevi un pò!
Se voi non parlate,
per voi parlerò.
(agli Amanti.)
Perdono vi chiede
Un schiavo tremante,
V'offese, lo vede,
Ma solo un istante;
or pena, ma tace...

FERRANDO e GUGLIELMO
(gli amanti ripetono tutte le ultime parole
colla stessa cantilena.)
Tace...

DON ALFONSO
Or lasciavi in pace...

FERRANDO e GUGLIELMO
In pace...

DON ALFONSO
Non può quel che vuole, vorrà,
Quel che può.

FERRANDO e GUGLIELMO
(ripetono due versi intieri con un sospiro.)
Vorrà quel che può.

DON ALFONSO (alle ragazze)
Su! Via! Rispondete!
Guardate... e ridete?

DESPINA
(mettendosi davanti alle due ragazze)
Per voi la risposta a loro darò.

Recitativo

Quello ch'è stato, è stato,
Scordiamci del passato.

第二十二首　四重唱
阿豐索：
（拿起朵拉貝拉的手）
（黛絲碧娜拿起斐奧迪莉姬的手）
把手給我。
挪過來一點。
如果你們不說話，
我可要替你們說了。
（對女孩子們）
一個顫慄的奴役
祈求妳們的饒恕；
他們因一時的衝動，
冒犯妳們；
現在已安靜下來並請求懲罰……

費蘭多、古烈摩：
（在相同的調子裡
反覆最後一個字。）
已經安靜下來……

阿豐索：
現在請妳們心平氣和……

費蘭多、古烈摩：
心平氣和……

阿豐索：
不再強人所難，一切順其自然，
只求做到妳們所願意的程度。

費蘭多、古烈摩：
（反覆這兩句詩節夾著嘆息）
不再強人所難，一切順其自然，
只求做到妳們所願意的程度。

阿豐索：（向女孩子們）
快呀，快點回答呀！
妳們看看他們…然後笑出來？

黛絲碧娜：
（走到兩個女孩前面）
我來替她們回答好了。

宣敘調

過去的事情它過去吧，
把它們全都忘掉。

Rompasi o mai quel laccio,
Segno di servitù.
(Despina prende la mano di Dorabella,
Don Alfonso quella di Fiordiligi;
e fan rompere agli amanti i lacci che mettono
al braccio dei medesimi.)
(agli amanti)
A me porgete il braccio,
Nè sospirate più.

DESPINA e DON ALFONSO
(a parte, sotto voce)
Per carità partiamo,
Quel che san far veggiamo,
Le stimo più del diavolo,
S'ora non cascan giù.
(Partono)

SCENA QUINTA
— Fiordiligi, Dorabella, Ferrando e Guglielmo
(Guglielmo a braccio di Dorabella;
Ferrando e Fiordiligi senza darsi braccio.
Fanno una piccola scena muta, guardandosi,
sospirando, ridendo ecc.)

Recitativo secco

FIORDILIGI
Oh, che bella giornata!

FERRANDO
Caldetta anzi che no.

DORABELLA
Che vezzosi arboscelli!

GUGLIELMO
Certo, certo, son belli:
Han più foglie che frutti.

FIORDILIGI
Quei viali come sono leggiadri;
Volete passeggiar?

FERRANDO
Son pronto, o cara,
Ad ogni vostro cenno.

現在前嫌盡棄，
擺脫先前奴役的形象。
（黛絲碧娜握著朵拉貝拉的手，
阿豐索握著斐奧迪莉姬的手；
並將她們的手
交給兩位男士。）
（對男士們）
把你們的手伸出來，
從今以後別再長吁短歎了。

黛絲碧娜、阿豐索：
（在一邊小聲的）
老天保佑，現在讓我們趕快離開，
他們自己知道該怎麼做，
說什麼尊重她們的高貴情操，簡直是活見鬼
她們現在不也陷進去了。
（二人出）

第五場
—斐奧迪莉姬、朵拉貝拉、費蘭多與古烈
摩（古烈摩擁抱朵拉貝拉；
費蘭多與斐奧迪莉姬沒有擁抱。
他倆只稍稍改變表情，
相互注視，嘆息，微笑）

宣敘調

斐奧迪莉姬：
哦！天氣眞好！

費蘭多：
我覺得有點熱。

朵拉貝拉：
好美的小樹叢！

古烈摩：
當然，當然，眞是美極了；
但葉子似乎嫌少了一點。

斐奧迪莉姬：
那林蔭大道好像正向我們招手；
你想不想去散步呢？

費蘭多：
親愛的，我已經準備妥當，
隨時聽候您的指示。

兩對男女之間乾得不
像話的對白，眞算得
上是「世界級」尷尬的
宣敘調，尷尬得令人
忍不住想笑。

FIORDILIGI

Troppa grazia!

FERRANDO

(nel passare, sottovoce, a Guglielmo)
Ecco ci alla gran crisi.

FIORDILIGI

Cosa gli avete detto?

FERRANDO

Eh, gli raccommandai di divertirla bene.

DORABELLA (a Guglielmo)

Passeggiamo anche noi.

GUGLIELMO

Come vi piace...
(Passeggiano. - Dopo un momento di silenzio)
Ahimè!

DORABELLA

Che cosa avete?

GUGLIELMO

Io mi sento sì male,
Sì male, anima mia,
Che mi par di morire.
(Gli altri due fanno scena muta in lontananza.)

DORABELLA (fra sè)

Non otterrà nientissimo.
(a Guglielmo)
Saranno rimasugli del velen che beveste.

GUGLIELMO (con fuoco)

Ah, che un veleno assai più forte io bevo
In que' crudi e focosi
Mongibelli amorosi!
(Gil altri due partono, in atto di passeggiare.)

DORABELLA

Sarà veleno calido;
Fatevi un poco fresco.

GUGLIELMO

Ingrata, voi burlate,

斐奧迪莉姬：
實在太感謝了！

費蘭多：
（走到一旁，低聲對古烈摩）
這是我們成敗的重要關頭。

斐奧迪莉姬：
你跟他在嘀咕些什麼？

費蘭多：
呵！我只是拜託他讓她快樂起來。

朵拉貝拉：（對古烈摩）
我們也去散散步吧！

古烈摩：
隨妳高興…
（散步時有一小段的沉默。）
唉呀！

朵拉貝拉：
怎麼啦？

古烈摩：
我覺得很不舒服，
是的，我的靈魂，很不舒服，
我好想死。
（另二人在遠處有些動作變化。）

朵拉貝拉：（自言自語）
他可別想在我這兒撈到任何好處。
（對古烈摩說）
可能是你喝過的毒藥還殘留在身體裡。

古烈摩：（急躁的）
啊！對妳熱情又冷酷雙眼的愛戀，
比起我喝下的強烈毒藥，
還要厲害。
（另二人散步離去。）

朵拉貝拉：
這毒藥可能是充滿了熱力，
讓你們嚐到一點新鮮感。

古烈摩：
好個無情的女人啊！如果當時我真的死了，

Ed intanto io mi moro!

(fra sè)

Son spariti: dove diamin son iti?

DORABELLA

Eh via non fate...

GUGLIELMO

Io mi moro, crudele,

e voi burlate?

DORABELLA

Io burlo? Io burlo?

GUGLIELMO

Dunque,

Datemi qualche segno, anima bella,

Della vostra pietà.

DORABELLA

Due, se volete;

Dite quel che far deggio, e lo vedrete.

GUGLIELMO (fra sè)

Scherza, o dice davvero?

(a Dorabella, mostrandole un ciondolo)

Questa picciola offerta d'accettare degnatevi.

DORABELLA

Un core?

GUGLIELMO

Un core: è simbolo di quello ch'arde,

Languisce e spasima per voi.

DORABELLA (fra sè)

Che dono prezioso!

GUGLIELMO

L'accettate?

DORABELLA

Crudele!

Di sedur non tentate un cor fedele.

GUGLIELMO (fra sè)

La montagna vacilla: mi spiace

或許還被妳嘲笑呢！

（自言自語）

他們離開了，跑到哪兒搞鬼去了？

朵拉貝拉：

哎！別這樣……

古烈摩：

無情的女人，如果我死了，

妳是不是還在嘲笑我？

朵拉貝拉：

我會嘲笑你嗎？

古烈摩：

那麼，

我的美人兒，請給我一個暗示，

以表達妳的憐憫之意。

朵拉貝拉：

如果你要的話：給兩個暗示也可以；

告訴我該怎麼做，我馬上做給你看。

古烈摩：（自言自語）

這玩笑簡直開大了，她是說真的嗎？

（對朵拉貝拉亮出一條項鍊。）

這個小禮物請笑納。

朵拉貝拉：

一顆心？

古烈摩：

是的，它代表我熾熱的心，

為你憔悴、痛苦。

朵拉貝拉：（自言自語）

好精緻的禮物！

古烈摩：

願意接受嗎？

朵拉貝拉：

殘酷的人！

竟然企圖引誘一顆純潔忠誠少女的心。

古烈摩：（自言自語）

總算冰山瓦解了；但，真令人難過，

Ma impegnato è l'onor di soldato.
(a Dorabella)
V'adoro!

DORABELLA
Per pietà...

GUGLIELMO
Son tutto vostro!

DORABELLA
Oh, Dei!

GUGLIELMO
Cedete, o cara!

DORABELLA
Mi farete morir.

GUGLIELMO
Morremo insieme, amorosa mia speme.
L'accettate?

DORABELLA
(dopo breve intervallo, con un sospiro)
L'accetto.

GUGLIELMO (fra sè)
Infelice Ferrando!
(a Dorabella)
Oh, che diletto!

No. 23 Duetto

GUGLIELMO
Il core vi dono,
Bell' idolo mio;
Ma il vostro vo' anch' io:
Via, datelo a me.

DORABELLA
Mel date, lo prendo,
Ma il mio non vi rendo,
Invan me'l chiedete,
Più meco ei non è.

GUGLIELMO

我以軍人榮譽所下的賭注恐怕要泡湯了。
（對朵拉貝拉）
我愛你！

朵拉貝拉：
求求你，別這樣……

古烈摩：
我已完全屬於妳！

朵拉貝拉：
老天！

古烈摩：
屈服吧，親愛的！

朵拉貝拉：
你會害死我。

古烈摩：
那我們死在一塊兒，我的愛。
現在妳可以接受我的禮物嗎？

朵拉貝拉：
（短暫的沉默，之後一聲嘆息）
我接受它。

古烈摩：（自言自語）
不幸的費蘭多！
（對朵拉貝拉）
啊！我的愛！

第二十三首　二重唱

古烈摩：
把心兒獻給妳，
美麗的愛人；
但我也要妳的心
快快給我。

朵拉貝拉：
你給我的我收下，
但不能同樣地回報你；
不必再求我
因它已不再是我的了。

古烈摩：

朵拉貝拉與古烈摩二人的調情二重唱，對白之中以交換心型肖像項鍊爲主軸，二人互相以心跳作爲挑逗對方的話題，莫札特在此以弦樂部份的撥弦（pizzicato）音型模仿心跳聲，增添不少戲劇效果。

Se teco non l'hai,
Perchè batte qui?

DORABELLA
Se a me tu lo dai,
Che mai balza lì?

DORABELLA e GUGLIELMO
E il mio coricino,
Che più non è meco,
Ei viene a star teco,
Ei batte così.

GUGLIELMO
(Vuol metterle il core dov' ha il ritratto
dell' amante.)
Quì lascia ch'il metta.

DORABELLA
Ei quì non può star.

GUGLIELMO
T'intendo, furbetta.

DORABELLA
Che fai?

GUGLIELMO
Non guardar.
(Le torce dolcemente la faccia dall'altra parte,
le cava il ritratto e vi mette il core.)

DORABELLA (fra sè)
Nel petto un Vesuvio
D'avere mi par.

GUGLIELMO (fra sè)
Ferrando meschino!
Possibil non par.
(a Dorabella)
L'occhietto a me gira.

DORABELLA
Che brami?

GUGLIELMO
Rimira, se meglio può andar.

如果它已不再是妳的，
為什麼它還在這裡跳動？

朵拉貝拉：
如果你已把心兒獻給我，
為什麼它會這在那兒跳動？

朵拉貝拉、古烈摩：
那是我的心，
它已不再屬於我；
它已屬於你（妳），
它是如此劇烈地跳動著。

古烈摩：
（試著為她戴上心型項鍊，
並拿掉原先愛人的相片）
讓我把它戴在這裡。

朵拉貝拉：
這裡不可以。

古烈摩：
我很了解，妳這個小精靈。

朵拉貝拉：
你要做什麼？

古烈摩：
別看。
（他溫存地將她的臉轉向一邊，
並取下原來的小金盒，為她戴上心型項鍊）

朵拉貝拉：（自言自語）
我的胸口好像維蘇威火山
快要爆發了。

古列摩：（自言自語）
可憐的費蘭多！
情況似乎不應該發展成這樣！
（對著朵拉貝拉）
再過來看著我。

朵拉貝拉：
你想要怎樣？

古列摩：
只是再看一下，它看起來相當不錯。

Vesuvio 指著名的維蘇威火山（Vesuvius），它是義大利西南部一座相當有名的活火山，它噴發的泥灰與岩漿曾經在西元一世紀左右將位於火山南方的古城龐貝（Pompeii）整個埋沒，足見其威力十足。朵拉貝拉在此以維蘇威火山爆發來形容內心的劇烈澎湃與激盪。

DORABELLA e GUGLIELMO

Oh, cambio felice

Di cori e d'affetti!

Che nuovi diletti,

Che dolce penar!

(Partono abbracciati)

SCENA SESTA

— Fiordiligi e Ferrando

Recitativo accompagnato

(Entra Fiordiligi agitata e seguita da Ferrando.)

FERRANDO

Barbara, perchè fuggi?

FIORDILIGI

Ho visto un aspide,

Un' idra, un basilisco!

FERRANDO

Ah, crudel, ti capisco!

L'aspide, l'idra, il basilisco,

E quanto i libici deserti han di più fiero,

In me solo tu vedi.

FIORDILIGI

È vero, è vero.

Tu vuoi tormi la pace.

FERRANDO

Ma per farti felice.

FIORDILIGI

Cessa di molestarmi!

FERRANDO

Non ti chiedo ch' un guardo.

FIORDILIGI

Partiti!

FERRANDO

Non sperarlo,

Se pria gli occhi men fieri a me non giri.

O ciel! ma tu mi guardi e poi sospiri?

朵拉貝拉、古烈摩：

哦！我們的內心與眞情

相互交融！

全新的喜悅，

是如此甜蜜的痛苦！

（兩人互擁離開）

第六場

一斐奧迪莉姬與費蘭多

伴奏宣敘調

（斐奧迪莉姬快步進入，後隨費蘭多。）

費蘭多：

狠心的女人！爲什麼逃避？

斐奧迪莉姬：

我看見一隻毒蛇，

一頭怪獸！一隻大蜥蜴！

費蘭多：

殘酷的人，我知道妳想說什麼！

因爲妳只看到這些

利比亞的毒蛇猛狄，

全在我一個人的身上。

斐奧迪莉姬：

是眞的！

你企圖攪亂我內心的平靜。

費蘭多：

但，這是爲了要讓妳更幸福。

斐奧迪莉姬：

請別爲難我！

費蘭多：

我只求妳看我一眼。

斐奧迪莉姬：

離我遠一點！

費蘭多：

我眞的沒有任何希望了，

除非在我離開之前能溫柔地看我一眼。

天哪！爲什麼在看我之後還嘆氣呢？

No. 24 Aria

FERRANDO

(lietissimo)

Ah, lo veggio quell' anima bella
Al mio pianto resister non sa:
Non è fatta per esser rubella
Agli affetti di amica pietà.
In quel guardo, in quei cari sospiri
Dolce raggio lampeggia al mio cor:
Già rispondi a miei caldi desiri,
Già tu cedi al più tenero amor.
(mesto)
Ma tu fuggi, spietata tu taci,
Ed invano mi senti languir?
Ah, cessate, speranze fallaci,
La crudel mi condanna a morir.
(Parte)

SCENA SETTIMA
— Fiordiligi sola

Recitativo accompagnato

FIORDILIGI

Ei parte...senti!... Ah, no! Partir si lasci,
Si tolga ai sguardi miei l'infausto oggetto
Della mia debolezza. A qual cimento il
Barbaro mi pose... Un premio è questo
Ben dovuto o mie colpe! In tale istante
Dovea di nuovo amante, i sospiri ascoltar?
L'altrui querele dovea volger in gioco?
Ah, questo core a ragione condanni,
O giusto amore!
Io ardo, e l'ardor mio non è più effetto
D'un amor virtuoso: è smania, affanno,
Rimorso, pentimento, leggerezza,
Perfidia, e tradimento!

No. 25 Rondo

FIORDILIGI

Per pietà, ben mio, perdona
All' error d'un alma amante
Fra quest' ombre, e queste piante
Sempre ascoso, oh Dio, sarà!
Svenerà quest' empia voglia

第二十四首　詠嘆調

費蘭多：

（非常快樂的）
啊！我看到那美麗的靈魂
不知如何抗拒我的淚水；
妳友善的憐憫
無法抵擋住我的真情。
那眼神和可愛的嘆息，
散發出溫柔的光芒：
妳已經回應了我熱切的渴望，
且屈服在我最溫柔的愛情之中。
（憂傷的）
但妳逃避，無情，
為何沉默、而且無視於我的痛苦？
啊，我不能再有任何癡心妄想，
因妳已殘酷地判決我走向死亡。
（他離去）

第七場
—斐奧迪莉姬單獨

伴奏宣敘調

斐奧迪莉姬：

他離開了…等等！…啊，不，讓他走吧，
讓那個一心要揭露我弱點的可恨的人
離開我的視線。這個殘酷的男人
叫我內心掙扎不已！…他加深了我的罪孽！
此時此刻
怎可聽到新戀人的嘆氣聲？
怎可和別的男人打情罵俏呢？
啊！光明正大的愛情呵，
我正受著良心的譴責！
我戀愛了，但我的戀情卻再也不是
有操守的愛；而是發狂、焦慮、
內疚、令人後悔、輕浮、
不忠和背叛的！

第二十五首　輪旋曲

斐奧迪莉姬：

我的愛人，請憐憫，
原諒那深愛著妳的靈魂犯下的過錯；
神啊，讓這些錯永遠藏匿在
樹叢的陰暗角落吧！
我將以自己的忠貞，

這是一首長而困難的男高音詠唱調，音域高、樂曲綿長而持續，若是演唱此曲，勢必耗費男高音極大的體力，因此在實際演出中經常省略不唱。

本曲的形式為輪旋曲（Rondo），音樂的分段結構大致如下：A-B-A-C-D-C-E-E'-Coda。輪旋曲在十八世紀屬於器樂曲的常見曲式之一，但其形式的源頭，可追溯到中古時期法國地區遊唱詩人使用的情愛詩歌形式（Rondeaux）。這也是一首困難的詠唱調，不僅對於演唱斐奧迪莉姬的女高音歌者，在技巧與體能上的一項嚴格考驗，同時對於樂團中的法國號演奏者，也有相當困難繁複的靈動旋律音型必須克服。

L'ardir mio, la mia costanza.
Perderà la rimembranza,
Che vergogna e orror mi fà.
A chi mai mancò di fede
Questo vano, ingrato cor!
Si dovea miglior mercede,
Caro bene, al tuo candor.
(Parte.)

SCENA OTTAVA
— Ferrando e Guglielmo

Recitativo secco

FERRANDO (lietissimo)
Amico, abbiamo vinto!

GUGLIELMO
Un ambo, o un terno?

FERRANDO
Una cinquina, amico;
Fiordiligi è la modestia in carne.

GUGLIELMO
Niente meno?

FERRANDO
Nientissimo. Sta attento,
E ascolta come fù.

GUGLIELMO
T'ascolto, di pur sù.

FERRANDO
Pel giardinetto,
Come eravam d'accordo,
A passeggiar mi metto;
Le do il braccio;
Si parla di mille cose indifferenti;
Alfine vien si all' amor.

GUGLIELMO
Avanti.

FERRANDO
Fingo labbra tremanti, fingo di pianger,

勇敢地擺脫可憎的慾望，
那些令人感到可怕羞恥的念頭
將在我記憶中永遠消失。
這顆空虛、背叛的心靈
仍一直充滿著忠誠！
我的愛人呵，這亦是對你的純真
應有的報償。
（離去。）

第八場
一費蘭多與古烈摩

宣敘調

費蘭多：（高興的）
朋友，我們贏了！

古烈摩：
彩票中了兩碼，還是三碼？

費蘭多：
朋友，我們中了五碼；
斐奧迪莉姬是一個守貞的女子。

古烈摩：
沒發生別的事嗎？

費蘭多：
真的沒有，現在你給我仔細聽著
讓我把過程詳細告訴你。

古烈摩：
快說吧，我正聽著。

費蘭多：
就如我們先前所約，
帶她到花園散步；
我伸出臂膀挽著她，
起先她儘扯一堆無關痛癢的話題；
最後終於談到主題—愛情。

古烈摩：
繼續說。

費蘭多：
我假裝嘴唇顫抖、掉眼淚，

Fingo di morir al suo piè.

GUGLIELMO

Bravo assai per mia fè! Ed ella?

FERRANDO

Ella da prima ride, scherza, mi burla...

GUGLIELMO

E poi?

FERRANDO

E poi finge d'impietosirsi.

GUGLIELMO

Oh, cospettaccio!

FERRANDO

Alfin scoppia la bomba:
"Pura come colomba
Al suo caro Guglielmo ella si serba,"
Mi dissaccia superba,
Mi maltratta, mi fugge,
Testimonio rendendomi e messaggio,
Che una femmina ell' è senza paraggio.

GUGLIELMO

Bravo tu! Bravo io!
Brava la mia Penelope!
Lascia un po ch' io ti abbracci
Per sì felice augurio,
O mio fido Mercurio!
(Si abbracciano.)

FERRANDO

E la mia Dorabella?
Come s'è diportata?
(con trasporto)
Oh, non ci ho neppur dubbio,
Assai conosco quella sensibil alma.

GUGLIELMO

Eppur un dubbio,
Parlandoti a quattr' occhi,
Non saria mal, se tu l'avessi!

古烈摩：
很好，非常好！她有什麼反應？

費蘭多：
她先是大笑，戲謔捉弄我…

古烈摩：
然後呢？

費蘭多：
接著假裝起了惻隱之心。

古烈摩：
眞是混帳！

費蘭多：
最後炸彈終於爆破了：
「純情如白鴿的她，
要爲親愛的古烈摩保護自己，」
傲慢地把我趕出來，
惡劣地對待我，並棄我而去，
我終於證明自己的失敗，而且來此告訴你
她是一位多麼與衆不同的女子。

古烈摩：
恭喜你，做得太好了！也恭喜我自己！
我的貞節烈女更是棒極了！
讓我擁抱你一下
因爲這個消息令人感到幸福無比，
噢，我忠誠的眉庫里歐！
（他們互相擁抱。）

費蘭多：
我的朵拉貝拉怎樣？
她表現得可否檢點？
（焦慮的）
噢，這一點我實在不需要懷疑。
因爲我非常瞭解她那顆敏感的心。

古烈摩：
眼前只有我們倆，讓我悄悄地告訴你：
她有點令人擔心，
你心裡要有點準備：她…其實也沒什麼不好！

甚至在她腳邊裝死。

Penelope 爲希臘神話俄底修斯（Odysseus）之妻。她面對衆多蠻橫無理的追求者，卻仍爲離家廿年的丈夫守節不渝。該典故引自荷馬的《奧德賽》。Mercurio 則是羅馬神話中的使者之神，古烈摩意指費蘭多傳遞大好信息，足與使者之神媲美。

118

FERRANDO Come?	費蘭多： 你是什麼意思？
GUGLIELMO Dico così per dir. (fra sè) Avrei piacere d'indorargli la pillola.	古烈摩： 我這麼說是爲了告訴你實情！ （自言自語） 多希望能把這麼棘手的事掩飾過去。
FERRANDO Stelle! Cesse ella forse alle lusinghe tue? Ah, s'io potessi sospettarlo soltanto!	費蘭多： 天哪！難道她掉進了你的誘惑圈套？ 啊，這事早該懷疑了！
GUGLIELMO E sempre bene il sospettare un poco In questo mondo.	古烈摩： 世事難料， 最好常心存疑念比較好。
FERRANDO Eterni Dei, Favella! A foco lento non mi far qui morir... Ma no, Tu vuoi prenderti meco spasso: ella non ama, Non adora che me.	費蘭多： 老天！你說話呀！ 這樣慢條斯理簡直快把我憋死了； 但，不可能， 你一定在尋我開心； 我是她有史以來最愛戀的男人呀。
GUGLIELMO Certo! Anzi in prova di suo amor, di sua fede, Questo bel ritrattino ella mi diede. (Gli mostra il ritratto che Dorabella gli ha dato.)	古烈摩： 我當然知道。 這張英俊的肖像是她送給我的， 以證明對我的忠心和愛慕。 （亮出朵拉貝拉給他的相片。）
Recitativo accompagnato	伴奏宣敘調
FERRANDO (furente) Il mio ritratto! Ah, perfida! (vuoi partire.)	費蘭多：（震怒） 竟然是我的肖像！ 啊，這個不忠的女人！（準備離開）
GUGLIELMO Ove vai?	古烈摩： 你要去那兒？
FERRANDO A trarle il cor dal scellerato petto, (furente) E a vendicar il mio tradito affetto.	費蘭多： 去把她卑鄙的心肝給挖出來， （震怒） 報復她背叛我的眞情。
GUGLIELMO Fermati!	古烈摩： 你冷靜一下！
FERRANDO (risoluto)	費蘭多（果斷地）：

No, mi lascia!

GUGLIELMO
Sei tu pazzo?
Vuoi tu precipitarti
Per una donna che non val due soldi?
(fra sè)
Non vorrei che facesse qualche corbelleria!

FERRANDO
Numi! Tante promesse, e lagrime,
E sospiri, e giuramenti, in sì pochi momenti
Come l'empia obliò?

GUGLIELMO
Per Bacco, io non lo so.

FERRANDO
Che fare or deggio?
A qual partito, a qual idea m'appiglio?
Abbi di me pietà, dammi consiglio.

GUGLIELMO
Amico, non saprei qual consiglio a te dar.

FERRANDO
Barbara! Ingrata!
In un giorno!... In poch' ore!...

GUGLIELMO
Certo un caso quest'è da far stupore!

No. 26 Aria

GUGLIELMO
Donne mie, la fate a tanti,
Che, se il ver vi deggio dir,
Se si lagnano gli amanti,
Li comincio a compatir.
Io vo bene al sesso vostro,
Lo sapete, ognun lo sa,
Ogni giorno ve lo mostro,
Vi do segno d'amistà.
Ma quel farla a tanti e tanti,
M'avvilisce in verità.
Mille volte il brando presi
Per salvar il vostro onor,

不，放開我！

古烈摩：
你瘋了嗎？
難道要為一個不值兩毛錢的女人
毀了你自己？
（自言自語）
實在不願意看他幹出任何傻事。

費蘭多：
老天！在這麼短的時間裡，
怎可能狠心地忘記
這許多的山盟海誓、承諾、嘆息和淚水呢？

古烈摩：
天曉得，我也不知道。

費蘭多：
現在我該怎麼辦？
該何去何從？如何拿定主意？
請可憐可憐我，給我一些忠告。

古烈摩：
朋友，我真的不知道該給你什麼忠告。

費蘭多：
惡毒的女人！背叛的心！
僅僅一天！…幾個小時！…

古烈摩：
這種情況實在令人不知所措！

第二十六首　詠嘆調

古烈摩：
親愛的女士們，讓我對妳們說實話，
妳們的愛人經常抱怨，
因為妳們說了太多的謊言，
而我也開始同情他們。
妳們知道，大家也都很清楚，
我是真心希望妳們好：
因我一直和妳們保持著深厚的友誼，
所以每天都可以證明這件事，
但如果妳們仍一再地欺騙，
可真讓人非常地沮喪。
我曾千百次拔劍
為了拯救妳們的名譽。

本曲的樂段結構為A-B-A-C-A-D-A-E-A-Coda，與前一首斐奧迪莉姬的歌曲（第二十五首）相同，這兩首歌曲都屬於輪旋曲式。似乎莫札特在面對獨白演員的長篇大論時，偏好採用這種短樂段快速交替出現的形式。

Mille volte vi difesi
Colla bocca e più col cor
Ma quel farla a tanti e tanti
È un vizietto seccator.
Siete vaghe, siete amabili,
Più tesori il ciel vi diè,
E le grazie vi circondano
Dalla testa sino ai piè;
Ma la fate a tanti e tanti,
Che credibile non è.
Ma la fate a tanti a tanti,
Che, se gridano gli amanti,
Hanno certo un gran perchè.
(Parte.)

SCENA NONA
— Ferrando solo; poi Guglielmo e Don Alfonso

Recitativo accompagnato

FERRANDO
In qual fiero contrasto, in qual disordine
Di pensieri, e di affetti io mi ritrovo?
Tanto insolito e novo è il caso mio,
Che non altri, non io
Basto per consigliarmi...
Alfonso, Alfonso,
Quanto rider vorrai della mia stupidezza!
Ma mi vendicherò: saprò dal seno
Cancellar quell' iniqua...
Cancellarla?
Troppo, oh Dio! questo cor per lei mi parla.
(Qui capita Don Alfonso con Guglielmo,
e sta a sentire.)

No. 27 Cavatina

FERRANDO
Tradito, schernito
Dal perfido cor,
Io sento che ancora quest' alma l'adora,
Io sento per essa le voci d'amor.

Recitativo secco

DON ALFONSO
(avvicinandosi a Ferrando)

千百次費盡唇舌
保護妳們;
但如果妳們仍一再地欺騙,
那可真是令人厭惡的惡習。
妳們是美麗的,惹人憐愛的,
上天賦予妳們許多寶藏,
妳們從頭到腳
散發優雅的氣息;
但如果妳們仍一再地欺騙,
後果可就不堪設想了。
但如果妳們仍一再地欺騙,
因此惹得愛人們怒火中燒,
他們可真是理直氣壯啊。
(離去。)

第九場
一費蘭多一個人;接著古烈摩和阿豐索

伴奏宣敘調

費蘭多:
我內心劇烈的爭戰,思緒一片混亂,
實在是自尋煩惱,
總之,這是我從未遭遇過的事,
沒有人能夠幫我斟酌,而我自己也
無力抉擇…
阿豐索呀、阿豐索,
你將嘲笑我的愚昧!
但我一定要報復:我要忘掉
那個不忠的女人……
但我怎能忘了她?
老天!不可能!因我這顆心只喚著她的名字
(此處阿豐索帶著古烈摩,在一旁聆聽。)

第二十七首　短歌

費蘭多:
負心人,妳嘲弄
我這顆忠誠的心,
但我整個靈魂仍癡癡地愛戀著妳,
我內心仍不所地對她發出愛的呼喚

宣敘調

阿豐索:
(靠近費蘭多)

此曲雖名為短曲,對於男高音的聲音技巧與體力仍是一大考驗,特別是曲末持續的高音 G 與高音域的諸多旋律轉折,聽來既險峻又優美。

Bravo! Questa è costanza!

太好了！這就是所謂的忠貞吧！

FERRANDO
Andate, o barbaro!
Per voi misero sono.

費蘭多：
走開，你這個壞蛋！
害我這麼痛苦。

DON ALFONSO
Via, se sarete buono
Vi tornerò l'antica calma.
Udite:
(mostrando Guglielmo)
Fiordiligi a Guglielmo
Si conserva fedel,
E Dorabella infedel a voi fù.

阿豐索：
算了吧！如果你們表現好一點
我還可以幫你們回復原來的平靜。
你看：
（指著古烈摩）
目前斐奧迪莉姬對古烈摩
還保有忠誠，
而朵拉貝拉卻已經對你不忠了。

FERRANDO
Per mia vergogna.

費蘭多：
這是我的恥辱。

GUGLIELMO
Caro amico,
Bisogna far delle differenze in ogni cosa:
Ti pare che una sposa
Mancar possa a un Guglielmo?
Un picciol calcolo,
Non parlo per lodarmi,
Se facciamo tra noi... Tu vedi, amico,
Che un poco più di merto...

古烈摩：
親愛的朋友，
處理每一件事必須用不同的手段：
你想想哪個女孩子
能招架得住我古烈摩？
不是我自誇，
如果在你我之間稍作比較……
你看！
我是不是多了一些優點呢？

DON ALFONSO
Eh, anch'io lo dico.

阿豐索：
沒錯，我也這麼覺得。

GUGLIELMO
Intanto mi darete cinquanta zecchinetti.

古烈摩：
現在你該給我五十個金幣。

DON ALFONSO
Volontieri.
Pria però di pagar,
Vo' che facciamo qualche altra esperienza.

阿豐索：
十分願意。
但在我付款之前，
讓我們分享另一種經驗。

GUGLIELMO
Come?

古烈摩：
怎麼說？

DON ALFONSO
Abbiate pazienza;
Infili domani siete entrambi miei schiavi:
A me voi deste parola da soldati
Di far quel ch'io dirò.

阿豐索：
忍耐著些；
一直到明天以前你們要聽從我的使喚：
你們對我所說的每一句話，
要像軍人一樣服從。

Venite: io spero
Mostrarvi ben che folle è quel cervello,
Che sulla frasca ancor vende l'uccello.
(Partono.)

現在跟我來，
我希望讓你們看清楚女人做事不經大腦，
糊塗的本性。
（離去。）

SCENA DECIMA
— Camera con diverse porte, specchio e tavolini.
Dorabella e Despina; poi Fiordiligi.

第十場
一房間，有不同的門、鏡子和小桌子。
朵拉貝拉與黛絲碧娜；接著是斐奧迪莉姬。

DESPINA
Ora vedo che siete una donna di garbo.

黛絲碧娜：
現在妳們是具有大家風範的女士了。

DORABELLA
Invan, Despina,
Di resister tentai:
Quel demonietto ha un artifizio,
Un eloquenza, un tratto
Che ti fà cader giù se sei di sasso.

朵拉貝拉：
黛絲碧娜，沒有用的，
我實在無法抗拒誘惑，
那個小魔頭是個鬼精靈，
能言善辯，即使妳是鐵石心腸
他的瀟灑風度也會使妳著迷。

DESPINA
Corpo di Satanasso,
Questo vuol dir saper!
Tanto di raro noi povere ragazze
Abbiamo un po di bene,
Che bisogna pigliarlo,
Allor ch'ei viene.
(Entra Fiordiligi.)
Ma ecco la sorella.
Che ceffo!

黛絲碧娜：
那簡直是魔鬼撒旦的化身！
這就是我要讓妳知道的！
我們可憐的女性很少有機會
得到一點點真情，
當它來到時，
就要緊緊把握。
（斐奧迪莉姬進入）
妳姐姐來了。
好一付臭臉！

FIORDILIGI
Sciagurate!
Ecco per colpa vostra in che stato mi trovo!

斐奧迪莉姬：
我們真可憐，
都是妳害我陷入這般景況！

DESPINA
Cosa è nato, cara madamigella?

黛絲碧娜：
怎麼回事，親愛的小姐？

DORABELLA
Hai qualche mal, sorella?

朵拉貝拉：
出了什麼差錯？

FIORDILIGI
Ho il diavolo, che porti me,
Te, lei, Don Alfonso, i forestieri
E quanti pazzi ha il mondo!

斐奧迪莉姬：
一定是魔鬼從中作祟，它竟然讓我、
妳、她、阿豐索、那倆個陌生人
和一堆瘋子都同時攪和在一起。

DORABELLA
Hai perduto il giudizio?

朵拉貝拉：
妳已經喪失理智了嗎？

FIORDILIGI

Peggio, peggio...
Inorridisci: io amo! e l'amor mio
Non è sol per Guglielmo.

DESPINA

Meglio, meglio!

DORABELLA

E che si, che anche tu se' innamorata
Del galante biondino?

FIORDILIGI (sospirando)

Ah, pur troppo per noi!

DESPINA

Ma brava!

DORABELLA

Tieni, Settanta mille baci:
Tu il biondino, io'l brunetto:
Eccoi entrambe spose!

FIORDILIGI

Cosa dici?
Non pensi agli infelici,
Che stamane partir? Ai loro pianti,
Alla lor fedeltà tu più non pensi?
Così barbari sensi,
Dove, dove apprendesti?
Sì diversa da te come ti festi?

DORABELLA

Odimi: sei tu certa,
Che non muoiano in guerra
I nostri vecchi amanti? E allora, entrambe
Resterem colle man piene di mosche:
Tra un ben certo e un incerto
C'è sempre un gran divario!

FIORDILIGI

E se poi torneranno?

DORABELLA

Se torneran lor danno!
Noi saremo allor mogli,
Noi saremo lontane mille miglia.

斐奧迪莉姬：
更糟糕，
妳一定會嚇壞；我竟然戀愛了
而且對象還不是古烈摩。

黛絲碧娜：
那好啊！

朵拉貝拉：
難道妳愛上那個
精悍的金髮小子？

斐奧迪莉姬：（嘆息的）
啊，我們真是不幸哪！

黛絲碧娜：
好棒！

朵拉貝拉：
我要送妳千萬個吻，
因為妳終於決定跟金髮小子，
而我也已經和黑頭髮的訂情了！

斐奧迪莉姬：
妳說什麼？
難道從來沒想過
今早離開的兩個。可憐人。
妳不再想念他們的淚水和忠誠了嗎？
妳這麼狠心，
到底是去那兒學得的？
如此高興那像是原來的妳？

朵拉貝拉：
妳聽我說：難道妳肯定確定
我們的老情人
不會戰死沙場嗎？如果不幸如此，
我們是不是弄得滿手腥臭卻一無所有。
在「確定」和「不確定」之間，
常會有極大的變數。

斐奧迪莉姬：
倘若他們真的回來呢？

朵拉貝拉：
倘若真的回來，就是他們的損失！
到時候我們早已為人妻，
遠走高飛了。

FIORDILIGI

Ma non so, come mai
Si può cangiar in un sol giorno un core.

DORABELLA

Che domanda ridicola! Siam donne!
E poi tu com' hai fatto?

FIORDILIGI

Io saprò vincermi.

DESPINA

Voi non saprete nulla.

FIORDILIGI

Farò, che tu lo veda.

DORABELLA

Credi, sorella, è meglio che tu ceda.

No. 28 Aria

DORABELLA

È amore un ladroncello,
Un serpentello è amor;
Ei toglie e dà la pace,
Come gli piace ai cor.
Per gli occhi al seno appena
Un varco aprir si fa,
Che l'anima in catena
E toglie libertà.
Porta dolcezza, e gusto,
Se tu lo lasci far,
Ma t'empie di disgusto,
Se tenti di pugnar.
Se nel tuo petto ei siede,
S'egli ti becca quì,
Fa tutto quel ch'ei chiede,
Che anch'io farò così.
(Dorabella e Despina partono.)

SCENA UNDICESIMA
— Fiordiligi sola; poi Ferrando, Guglielmo,
e Don Alfonso in altra camera; indi Despina

Recitativo secco

斐奧迪莉姬：
但我仍然想不透爲什麼
一個人的心可以在一天之中改變。

朵拉貝拉：
這眞是個可笑的問題！我們是女人啊！
妳到底決定怎麼做呢？

斐奧迪莉姬：
我要想辦法克制自己！

黛絲碧娜：
你什麼都不必做。

斐奧迪莉姬：
我一定會做給妳看。

朵拉貝拉：
姐姐，請妳相信：
妥協的話一切將會比較好。

第二十八首　詠嘆調

朵拉貝拉：
愛情是一個小偷，
愛情是一條小蛇；
它以爲所欲爲地破壞和平，
也能給人安寧。
它以眉目傳情，
開啓你心靈的通道，
它封鎖你的靈魂、
奪取你的自由。
如果你讓它任意發揮的話，
它會帶來甜蜜與趣味，
但你若想與它對立的話，
它就讓你充塞煩惱；
若它佔據你心胸，
就傻鳥兒啄般，觸動你的胸膛，
你的行爲都必須去符合它的要求
而我也將這麼做。
（朵拉貝拉、黛絲碧娜走出）

第十一場
一斐奧迪莉姬一個人；接著費蘭多、古烈摩
與阿豐索在另一個房間；再來是黛絲碧娜

宣敍調

與第十五、二十五、二十六首相同，採用輪旋曲式，樂段結構爲 A-B-A-C-A-D-A-Coda。
曲風輕快，不帶一絲憂愁，朵拉貝拉正放開對舊愛的掛念，準備愉快地投入新歡的懷抱。

FIORDILIGI

Come tutto congiura
A sedurre il mio cor!
Ma no! Si mora, e non si ceda!
Errai quando alla suora
Io mi scopersi ed alla serva mia.
Esse a lui diran tutto, ed ei più audace,
Fia di tutto capace...
Agli occhi miei mai più non comparisca!
A tutti i servi
(Ferrando, Guglielmo e Don Alfonso entrano in
un' altra camera che si vede per la porta della
prima.)
Minacierò il congedo, se lo lascian passar,
Veder nol voglio quel seduttor.

GUGLIELMO (agli amici)

Bravissima!
La mia casta Artemisia!
La sentite?

FIORDILIGI

Ma potria Dorabella
Senza saputa mia... Piano!
Un pensiero per la mente mi passa:
In casa mia restar molte uniformi
Di Guglielmo e di Ferrando,... Ardir!
Despina!
Despina!

DESPINA (entrando)

Cosa c'è?

FIORDILIGI

Tieni un po questa chiave e senza replica,
Senza replica alcuna,
Prendi nel guardaroba, e quì mi porta
Due spade, due cappelli, e due vestiti
De' nostri sposi.

DESPINA

E che volete fare?

FIORDILIGI

Vanne, non replicare!

DESPINA (fra sè)

斐奧迪莉姬：
所有的陰謀
都正在誘惑我的心！
不！我寧死也不願屈服！
真不該把自己內心的想法
讓妹妹和女僕知曉：
她們一定會去告訴他（指費蘭多），
當他全盤了解時，就會讓他更大膽
我的視線之內不容許他再出現！
也不願再見到那個企圖誘惑我的人，
（費蘭多、古烈摩和阿豐索進入另一個房
間，與前一場景相同的房門）
如果僕人們允許他進入，
我將恐嚇把他們全部遣散。

古烈摩：（向朋友們）
太好了，
這才是我貞潔的阿爾得蜜西亞！
你們都聽到了嗎？

斐奧迪莉姬：
等一等……
也許朵拉貝拉並不知道我的想法！
我腦海中突然閃過一個念頭：
家裡還留有許多
古烈摩和費蘭多的軍服……勇敢去做吧！
黛絲碧娜！
黛絲碧娜！

黛絲碧娜：（正好進來）
什麼事？

斐奧迪莉姬：
拿著這把鑰匙去衣櫃拿東西，
不必問為什麼，也不可以告訴任何人，
幫我拿古烈摩和費蘭多的
兩把劍、兩頂帽子
和兩件軍服。

黛絲碧娜：
要做什麼？

斐奧迪莉姬：
快去，別問為什麼！

黛絲碧娜：（自言自語）

Artemisia（英：Artemis）為羅馬神話中的「月之女神」，亦即希臘神話的戴安娜（Diana）。

Comanda in abregè, Donna Arroganza!
(Parte.)

FIORDILIGI

Non c'è altro; ho speranza
Che Dorabella stessa
Seguirà il bell' esempio: Al campo! al campo!
Altra strada non resta
Per serbaci innocenti.

DON ALFONSO (fra sè)

Ho capito abbastanza:
(a Despina)
Vanne pur non temer.

DESPINA (a Fiordiligi)

Eccomi.

FIORDILIGI

Vanne: sei cavalli di posta,
Voli un servo ordinar,
Di a Dorabella che parlarle vorrei.

DESPINA

Sarà servita.
(fra sè)
Questa donna mi par di senno uscita.
(Parte.)

SCENA DODICESIMA

— Fiordiligi poi Ferrando indi Guglielmo e Don
Alfonso. Dalla Camera ecc.

FIORDILIGI

L'abito di Ferrando sarà buono per me;
Può Dorabella prender quel di Guglielmo;
In questi arnesi raggiungerem
Gli sposi nostri, a loro
Fianco pugnar potremo,
E morir se fa d'uopo:
(Si cava quello che tiene in testa.)
...Ite in malora ornamenti fatali,
Io vi detesto.

GUGLIELMO (fra sè)

Si può dar un amor simile a questo?

這個任性的女人，只會爲所欲爲地支使人！
（離開）

斐奧迪莉姬：
沒別的事了；現在只希望
朵拉貝拉能依照我的方法去做，
我們一同共赴沙場！
爲了要保護我們的純眞
實在無路可走。

阿豐索：（自言自語）
我全瞭解了。
（對回來的黛絲碧娜）
去吧！別害怕。

黛絲碧娜：（向斐奧迪莉姬）
我來了。

斐奧迪莉姬：
現在去吩咐六匹馬的馬車
讓一個僕役人駕馭。
去叫朵拉貝拉過來，我要和她說話。

黛絲碧娜：
遵命。
（自言自語）
這個女人八成是瘋了。
（離去）

第十二場
一斐奧迪莉姬，接著費蘭多；
古烈摩與阿豐索在另一個房間

斐奧迪莉姬：
這件費蘭多的制服正適合我；
朵拉貝拉可以穿古烈摩的，
如此盛裝
方能去尋找我們的愛人，
與他們並肩作戰，
甚至共存亡。
（扯掉她頭上累贅的女性髮飾）
這些可惡的裝飾，
多麼腐敗，我討厭你們！

古烈摩：（一旁）
你看過一個愛人像這樣的嗎？

FIORDILIGI

Di tornar non sperate
Alla mia fronte pria ch'io qui torni col mio ben;
In vostro loco porrò questo cappello;
Oh, come ei mi trasforma le sembianze
E il viso!
Come appena io medesma or mi ravviso!

No. 29 Duetto

FIORDILIGI

Fra gli amplessi in pochi istanti
Giungerò del fido sposo,
Sconosciuta a lui davanti
In quest' abito verrò.
Oh, che gioja il suo bel core
Proverà nel ravvisarmi!

FERRANDO (a Fiordiligi, entrando)

Ed intanto di dolore,
Meschinello, io mi morrò.

FIORDILIGI

Cosa veggio! Son tradita!
Deh, partite!

FERRANDO

Ah, no, mia vita!
(Prende la spada dal tavolino, la sfodera, ecc.)
Con quel ferro di tua mano
Questo cor tu ferirai,
E se forza oh Dio non hai,
Io la man ti reggerò.
(S'inginocchia.)

FIORDILIGI

Taci, ahimè!
Son abbastanza tormentata ed infelice!

FERRANDO e FIORDILIGI (fra sè)

Ah, che omai la mia (sua) costanza,
A quei sguardi, a quel che dice,
Incomincia a vacillar.

FIORDILIGI

Sorgi, sorgi!

斐奧迪莉姬：
一直到愛人回來之前，
別指望我會在頭上戴這些東西；
放置你們（指髮飾）的地方將改放這頂帽子
戴上這頂帽子
改變了我的容貌！
連自己都認不得了！

第二十九首　二重唱

斐奧迪莉姬：
再過不久，
我忠誠的未婚夫
將會來到，他擁我入懷；
我將盛裝打扮到他跟前。
啊，當他認出我的時候
內心多麼歡喜！

費蘭多：（進入，向斐奧迪莉姬）
同時，
我這可憐人也將痛苦至死。

斐奧迪莉姬：
我看到的是誰？我已經背叛了！
啊，離開這裡吧！

費蘭多：
不，我的愛！
（從桌上拿起出鞘的劍。）
用妳手中的利刀
刺進我的胸膛；
啊！假如妳沒有力氣的話，
我會幫忙抓住妳的手。
（跪下。）

斐奧迪莉姬：
唉，別再說了！
我已經夠痛苦和不幸了！

費蘭多、斐奧迪莉姬：（自言自語）
啊，現在我的（妳的）忠貞已經…
開始被那些迷惑的眼神
和甜言蜜語所動搖……

斐奧迪莉姬：
快起來！

長大的求愛二重唱，費蘭多用盡真心誠意，終於得到斐奧迪莉姬的愛。A大調的溫暖調性，烘托著兩人新誕生的愛情。

FERRANDO
Invan lo credi.

FIORDILIGI
Per pietà, da me che chiedi?

FERRANDO
Il tuo cor, o la mia morte.

FIORDILIGI
Ah, non son, non son più forte!...

FERRANDO
Cedi, cara!...
(Le prende la mano e gliela bacia.)

FIORDILIGI
Dei, consiglio!

FERRANDO
Volgi a me pietoso il ciglio,
In me sol trovar tu puoi
Sposo, amante... e più, se vuoi,
(tenerissimamente)
Idol mio, più non tardar.

FIORDILIGI (tremando)
Giusto ciel! Crudel, hai vinto,
Fa di me quel che ti par.

(Don Alfonso trattiene Guglielmo
che vorrebbe entrare.)

FIORDILIGI e FERRANDO
Abbracciamci, o caro bene,
E un conforto a tante pene
Sia languir di dolce affetto,
Di diletto sospirar.
(Partono.)

SCENA TREDICESIMO
—Guglielmo e Don Alfonso; poi Ferrando

Recitativo secco

GUGLIELMO (entrando con Don Alfonso)
Oh, poveretto me! Cosa ho veduto,

費蘭多：
妳知道那是沒有用的。

斐奧迪莉姬：
拜託！你到底要怎樣？

費蘭多：
我要妳的心，不然我就去死。

斐奧迪莉姬：
啊！我不再堅強…

費蘭多：
親愛的，屈服吧！
（他親吻她的手。）

斐奧迪莉姬：
神啊！請指引我！

費蘭多：
請用妳那憐憫的眼神轉過來望著我。
在我身上可以找到所有妳想要的條件
一個既能做丈夫又可當情人的人。
（非常溫柔地）
別再遲疑，我的愛。

斐奧迪莉姬：（顫抖著）
公義的神啊！多麼殘酷！你贏了！
做你想做的吧！

（古烈摩欲闖入，
被阿豐索阻止）

斐奧迪莉姬、費蘭多：
擁抱我，我的愛，
我們的痛苦，
都因甜蜜的情感與愉悅的嘆息，
而備感安慰。
（他們離去。）

第十三場
—古烈摩與阿豐索；接著費蘭多

宣敘調

古烈摩：（與阿豐索進入）
啊！可憐的我，我看到了什麼，

Cosa ho sentito mai!

DON ALFONSO
Per carità, silenzio!

GUGLIELMO
Mi pelerei la barba,
Mi graffierei la pelle,
E darei colle corna entro le stelle!
Fu quella Fiordiligi! la Penelope,
L'Artemisia del secolo!
Briccona, assassina, furfante, ladra, cagna!

DON ALFONSO (lieto, fra sè)
Lasciamolo sfogar.

FERRANDO (entrando)
Ebben!

GUGLIELMO
Dov'è?

FERRANDO
Chi? La tua Fiordiligi?

GUGLIELMO
La mia Fior... Fior di diavolo,
Che strozzi lei prima e dopo me!

FERRANDO (ironicamente)
Tu vedi bene:
V'han delle differenze in ogni cosa,
Un poco di più merto...

GUGLIELMO
Ah, cessa! cessa di tormentarmi,
Ed una via piuttosto
Studiam di castigarle sonoramente.

DON ALFONSO
Io so, qual è: sposarle.

GUGLIELMO
Vorrei sposar piuttosto la barca di Caronte.

FERRANDO

那是我從未聽過的話！

阿豐索：
拜託，請安靜一點！

古烈摩：
我要拔掉自己的鬍子，
割裂自己的皮膚，
給我一隻號角控訴自己的命運！
那個斐奧迪莉姬！還說她是什麼貞婦、
世紀的女神！
其實就是惡棍、刺客、無賴、小偷、
一條母狗！

阿豐索：（高興地自語）
我們別再嘔氣了。

費蘭多：（進入）
好吧！

古烈摩：
她在那裡？

費蘭多：
誰？你的斐奧迪莉姬嗎？

古烈摩：
我的斐……斐……，哼！見她個鬼！
我先去勒死她再自我了斷！

費蘭多：（譏諷）
你可要看清楚些：
你不是說對每件事要有不同的處理方式，
而且你這比我多了些優點……

古烈摩：
啊，別再煩我；
目前我只想找一個方法
能光明正大地處罰她們。

阿豐索：
我知道，那方法便是：和她們結婚。

古烈摩：
我寧可和冥河船夫卡隆堤的船結婚。

費蘭多：

由此以下古烈摩與費蘭多的三句對白均為「我寧願去死」之意。

La grotta di Vulcano.

GUGLIELMO

La porta dell' Inferno.

DON ALFONSO

Dunque restate celibi in eterno.

FERRANDO

Mancheran forse donne
Ad uomin come noi?

DON ALFONSO

Non c'è abbondanza d'altro.
Ma l'altre, che faran,
Se ciò fer queste?
In fondo voi le amate
Queste vostre
Cornacchie spennacchiate.

GUGLIELMO

Ah, pur troppo!

FERRANDO

Pur troppo!

DON ALFONSO

Ebben pigliatele com' elle son,
Natura non potea fare l'eccezione,
Il privilegio, di creare due donne
D'altra pasta, per i vostri bei musi;
In ogni cosa, ci vuol filosofia.
Venite meco; di combinar le cose,
Studierem la maniera
Vo che ancor questa sera
Doppie nozze si facciano.
Frattanto un' ottava ascoltate:
Felicissimi voi, se la imparate.

No. 30 Aria

DON ALFONSO

Tutti accusan le donne,
Ed io le scuso
Se mille volte al dì cangiano amore.
Altri un vizio lo chiama ed altri un uso,
Ed a me par necessità del core.
L'amante che si trova al fin deluso,

或者跳進火山口。

古烈摩：

或讓我進鬼門關。

阿豐索：

這麼說，你們打算一輩子光棍。

費蘭多：

你認爲，像我們這種男人
身邊會缺女人嗎？

阿豐索：

你們當然不缺。
但這兩個女人曾犯的毛病，
別的女人難道就不會犯嗎？
你們的內心深處仍愛著她們，
她們就好像兩隻被拔光羽毛的烏鴉，
所有的缺點都呈現在你們面前。

古烈摩：

啊，眞不幸！

費蘭多：

眞可悲！

阿豐索：

好啦，你們這是回到原來伴侶的身邊。
大自然一定的定律不可能有任何例外，
它創造了兩個不同天性的女子
來配合你倆的口味；
凡事都要講究一點哲學的。
現在你們跟著我來；
我們總得把這事給結束掉。
今晚我還要
完成兩對新人的婚禮。
同時，也聽我說句老諺語：
你們的幸福掌握在自己的手中。

第三十首　詠嘆調

阿豐索：

所有的人都控訴女人的不是，
若她能在一天中更換一千次愛人，
我仍要爲她們辯護。
有人稱它是一種罪惡，有人說是一種習性，
但我認爲那是一種內心的需求。
到最後情人若發現受騙，

以下宣敘調與第三十
首詠唱調爲阿豐索極
富人生哲理的一席
話，明顯地展現出老
哲學家洞悉人性、看
透世事的智慧。

Non condanni l'altrui, ma il proprio errore:
Giacchè giovani, vecchie, e belle e brutte,
Ripetete con me: "Così fan tutte!"

可千萬別怪罪人家，因爲你自己也是一樣的；
所有的女人，不論美、醜、老、少，
請跟我唱：女　人　皆　如　此！

DON ALFONSO, FERRANDO e GUGLIELMO
Così fan tutte!

阿豐索、費蘭多、古烈摩：
女人皆如此！

SCENA QUATTORDICESIMA
— Ferrando, Guglielmo, Don Alfonso e Despina

第十四場
一費蘭多、古烈摩、阿豐索與黛絲碧娜

Recitativo secco

宣敘調

DESPINA (Entrando)
Vittoria padroncini!
A sposarvi disposte son le care madame;
A nome vostro loro io promisi,
Che in tre giorni circa partiranno con voi;
L'ordin mi diero, di trovar un notajo,
Che stipuli il contratto;
Alla lor camera attendendo vi stanno.
Siete così contenti?

黛絲碧娜：
我們贏了，親愛的主人們！
兩位女士已準備要和你們結婚了；
我代替你們答應兩位女士
三天之內就和你們離開；
她們吩咐我去找個公證人
好簽訂婚約；
現在她們正在閨房中等著你們。
你們滿不滿意呢？

FERRANDO GUGLIELMO e DON ALFONSO
Contentissimi.

費蘭多、古烈摩、阿豐索：
滿意極了。

DESPINA
Non è mai senza effetto,
Quand' entra la Despina in un progetto.
(Partono.)

黛絲碧娜：
當黛絲碧娜在某個計劃中用心時，
一定會有好成績的。
（離開）

SCENA QUINDICESIMA
— Sala ricchssima illuminata. Orchestra in fondo. Tavola per quattro persone, con doppieri d'argento ecc. Despina, servitori, ervette e suonatori; poi Don Alfonso

第十五場
一富裕的大廳，燈火通明。樂團在中間。
一張爲四人準備的桌子，
銀質的燭台。
黛絲碧娜，僕人和演奏者；然後是阿豐索

No. 31 Finale

第三十一首　終曲

DESPINA (ai servi)
Fate presto, o cari amici,
Alle faci il foco date,
E la mensa preparate
Con ricchezza e nobiltà!
Delle nostre padroncine

黛絲碧娜：（對著僕人）
我親愛的朋友們，
快來點蠟燭，
準備一桌豐盛的酒席，
提供你的想像力。
我們可愛女主人的婚禮

Gl'imenei son già disposti.
(ai suonatori)
E voi gite ai vostri posti,
Finchè i sposi vengon qua.

CORO (servi)
Facciam presto, o cari amici,
Alle faci il foco diamo,
E la mensa preparate
Con ricchezza e nobiltà.

DON ALFONSO (entrando)
Bravi, bravi! Ottimamente!
Che abbondanza! Che eleganza!
Una mancia conveniente
L'un el l'altro a voi darà.
(Mentre Don Alfonso canta,
i suonatori accordano gli strumenti.)

DON ALFONSO
Le due coppie omai si avvanzano.
Fate plauso al loro arrivo,
Lieto canto e suon giulivo
Empia il ciel d'ilarità.

DESPINA e DON ALFONSO
(sottovoce, partendo per diverse porte)
La più bella comediola
Non s'è vista o si vedrà!

SCENA SEDICESIMA
— Fiordiligi, Dorabella, Ferrando, Guglielmo,
servi e suonatori
(Mentre gli amanti avanzano, il coro canta, e
l'orchestra incomincia una marcia.)

CORO
Benedetti i doppi conjugi,
E le amabili sposine!
Splenda lor il ciel benefico,
Ed a guisa di galline
Sien di figli ognor prolifiche,
Che le agguaglino in beltà.

**FIORDILIGI, DORABELLA, FERRANDO e
GUGLIELMO**
Come par che qui prometta

已安排妥當，
（對樂手）
大家各就各位，
預備他們的來到。

合唱：（僕人）
親愛的朋友，
讓我們趕緊點燃蠟燭，
把餐桌裝飾得
既豐盛又高貴。

阿豐索：（進入）
太棒了！太完美了！
多麼豐盛！多麼高雅！
事成之後
兩位新郎必有重賞。
（當阿豐索唱時，
樂手們調樂器的音。）

阿豐索：
兩對新人正要過來，
當他們到達時請大家給予熱烈的掌聲；
歡樂的歌曲和祝賀聲
震天價響！

黛絲碧娜、阿豐索：
（低聲的，兩人從不同的門離開）
一齣空前絕後、
成功的喜劇！

第十六場
一斐奧迪莉姬、朵拉貝拉、費蘭多、
古烈摩、僕役與樂手
（當新人緩步進入，合唱聲起，
樂隊開始演奏婚禮進行曲）

合唱：
祝福兩對新人
永浴愛河！
神的恩賜照耀他們，
願她倆像母雞下蛋一樣
多子多孫，
每個都如他們一樣漂亮！

斐奧迪莉姬、朵拉貝拉、費蘭多、
古烈摩：
所有的事物完全依照先前的約定，

Tutto gioja e tutto amore!
Della cara Despinetta
Certo il merito sarà.
Raddoppiate il lieto suono,
Replicate il dolce canto,
E noi qui seggiamo intanto
In maggior giovialità.

CORE
Benedetti i doppi conjugi,
E le amabili sposine!
Splenda lor il ciel benefico,
Ed a guisa di galline
Sien di figli ognor prolifiche,
Che le agguaglino in beltà.
(Il coro parte: restano quattro servitori per
servi rgli sposi, che si mettono alla tavola.)

FERRANDO e GUGLIELMO
Tutto, tutto, o vita mia,
Al mio foco or ben risponde.

FIORDILIGI e DORABELLA
Pel mio sangue l'allegria
Cresce, cresce e si diffonde.

FERRANDO e GUGLIELMO
Sei pur bella!

FIORDILIGI e DORABELLA
Sei pur vago!

FERRANDO e GUGLIELMO
Che bei rai!

FIORDILIGI e DORABELLA
Che bella bocca!

**FIORDILIGI, DORABELLA, FERRANDO e
GUGLIELMO** (toccando i bicchieri)
Tocca e bevi! Bevi, tocca!

FIORDILIGI, DORABELLA e FERRANDO
E nel tuo, nel mio bicchiero
Si sommerga ogni pensiero.
(Le donne bevono.)
E non resti più memoria

充滿快樂和愛情！
我們要感謝黛絲碧娜，
因爲這全是她的功勞。
請再演奏一次那令人愉悅的音樂，
重覆那溫柔的歌唱，
此刻我們端坐在裡
內心快樂無比。

合唱：
祝福倆對新人
永浴愛河！
神的恩賜照耀他們，
願她倆像母雞下蛋一樣
多子多孫，
每個都如他們一樣漂亮！
（合唱離去，留下服侍新人的四個僕人，
新人們逕自到桌邊坐下。）

費蘭多、古烈摩：
啊，我的愛，現在這所有的一切，
是我的熱情得到的美好回報。

斐奧迪莉姬、朵拉貝拉：
我的熱血沸騰
一直擴散到全身。

費蘭多、古烈摩：
妳是如此美麗！

斐奧迪莉姬、朵拉貝拉：
你多麼英俊！

費蘭多、古烈摩：
令人陶醉的眼神！

斐奧迪莉姬、朵拉貝拉：
誘惑的嘴唇！

斐奧迪莉姬、朵拉貝拉、費蘭多、古烈摩：
（杯碰杯）
讓我們乾杯。

斐奧迪莉姬、朵拉貝拉、費蘭多：
在你、我的杯中
淹沒了多少的思緒。
（女士們喝下杯中物。）
我們心中不要再留下

這裏是一段抒情唯美的三聲部卡農（斐奧迪莉姬、朵拉貝拉、費蘭多），外加低音聲部（古烈摩）對位旋律所組成的四重唱。用以表示四人雖然情意相通，實則各有心事。

133

Del passato ai nostri cor.

GUGLIELMO (fra sè)
Ah! bevessero del tossico,
Queste volpi senza onor!

SCENA DICIASSETTESIMA
— Fiordiligi, Dorabella, Ferrando, Guglielmo e
Don Alfonso; poi Despina travestita da notajo

DON ALFONSO (entrando)
Miei signori, tutto è fatto;
Col contratto nuziale
Il notajo è sulle scale
E ipso fatto qui verrà.

**FIORDILIGI, DORABELLA, FERRANDO e
GUGLIELMO**
Bravo, bravo! Passi subito!

DON ALFONSO
Vò a chiamarlo.
Eccolo qua.

DESPINA (entrando, con voce nasale)
Augurandovi ogni bene,
Il notajo Beccavivi
Coll' usata a voi sen viene
Notariale dignità.
È il contratto stipulato
Colle regole ordinarie
Nelle forme giudiziarie,
Pria tossendo, poi sedendo,
Clara voce leggerà.

**FIORDILIGI, DORABELLA, FERRANDO,
GUGLIELMO e DON ALFONSO**
Bravo, bravo, in verità!

DESPINA
Per contratto da me fatto,
Si congiunge in matrimonio:
Fiordiligi, con Sempronio
E con Tìzio Dorabella,
Sua legittima sorella:
Quelle, dame ferraresi;

任何過去的回憶。

古烈摩：（自言自語）
啊！但願他們喝下去的是毒藥，
這兩隻不知廉恥的狐狸！

第十七場
一斐奧迪莉姬、朵拉貝拉、費蘭多、
古烈摩與阿豐索；接著是黛絲碧娜喬裝公
證人

阿豐索：（進入）
新郎倌們，一切都已就緒；
公證人即刻到此，
帶著結婚證書
登上臺階。

斐奧迪莉姬、朵拉貝拉、費蘭多、
古烈摩：
太好了！快帶他進來！

阿豐索：
我這就去叫他。
他來了。

黛絲碧娜：（進入，帶著鼻腔音）
帶著許多美好的祝福，
我公證人貝卡畏尾
代表著法庭的威嚴
來向你們報到。
以合法的證書
依正常的程序
爲你們證婚；
先咳嗽一聲清清喉嚨，然後坐下，
爲你們清晰地宣讀它。

斐奧迪莉姬、朵拉貝拉、費蘭多、古烈
摩、阿豐索：
眞是太好了！

黛絲碧娜：
我所寫的婚約
內容如下：
斐奧迪莉姬與山姆普羅尼歐結婚
朵拉貝拉與悌奇歐結婚，
結成連理的兩位姊妹
乃費拉拉人氏，

Questi, nobili albanesi.

E, per dote, e contradote...

FIORDILIGI, DORABELLA, FERRANDO e GUGLIELMO

Cose note, cose note!

Vi crediamo, ci fidiamo,

Soscriviam: date pur quà!

(Solamente le due donne sottoscrivono.)

DESPINA e DON ALFONSO

Bravo, bravo, in verità!

(La carta resta in mano di Don Alfonso. Si sente un gran suono di tamburo e canto lontano.)

CORO (interno)

Bella vita militar!

Ogni di si cangia loco

Oggi molto e doman poco,

Ora in terra ed or sul mar.

FIORDILIGI, DORABELLA, DESPINA, FERRANDO e GUGLIELMO

Che rumor, che canto è questo?

DON ALFONSO

State cheti, io vò a guardar.

(Va alla finestra.)

Misericordia! Numi del cielo!

Che caso orribile!

Io tremo! io gelo!

Gli sposi vostri...

FIORDILIGI e DORABELLA

Lo sposo mio...

DON ALFONSO

In questo istante tornaro, o Dio;

Ed alla riva sbarcano già!

FIORDILIGI, DORABELLA, FERRANDO e GUGLIELMO

Cosa mai sento! Barbare stelle!

In tal momento che si farà?

(I servi portano via la tavola,

e i suonatori partono in furia.)

FIORDILIGI e DORABELLA (agli amanti)

兩位男士則是阿爾巴尼亞貴族;
至於嫁妝和財產的處置……

斐奧迪莉姬、朵拉貝拉、費蘭多、古烈摩:

一切沒問題!

我們信任您,

我們在此簽字。

(兩姐妹簽字)

黛絲碧娜、阿豐索:

真是太好了!

(婚約握在阿豐索的手中。

他聽到遠處的歌唱和鼓號聲。)

合唱(在幕後)

軍人的生活多美好!

每天換駐不同的營地;

今天忙碌,明天悠閒;

一會兒在陸上,一會兒在海上。

斐奧迪莉姬、朵拉貝拉、黛絲碧娜、費蘭多、古烈摩:

這是什麼聲音?

阿豐索:

你們安靜點,我去看看。

(他到窗邊張望)

老天爺!真不幸啊!

多可怕的事!

我顫慄、膽寒!

妳們的未婚夫……

斐奧迪莉姬、朵拉貝拉:

我們的未婚夫!……

阿豐索:

在這個節骨眼回來,天啊!

他們已經上岸了!

斐奧迪莉姬、朵拉貝拉、費蘭多、古烈摩:

我們聽到了什麼!多可怕的事!

此刻應該如何是好?

(僕人們將桌子搬開,

樂手倉促地離去。)

斐奧迪莉姬、朵拉貝拉:(對二男)

Presto partite!

快走！

FERRANDO, GUGLIELMO, DESPINA e DON ALFONSO
Ma se ci (li) veggono?

費蘭多、古烈摩、黛絲碧娜、
阿豐索：
但如果被他們看到？

FIORDILIGI e DORABELLA
Presto fuggite!

斐奧迪莉姬、朵拉貝拉：
你們快點逃走！

FERRANDO, GUGLIELMO, DESPINA e DON ALFONSO
Ma se ci (li) incontrano?
(Don Alfonso conduce Despina in una camera.)

費蘭多、古烈摩、黛絲碧娜、阿豐索：
但如果被他們撞見？
（阿豐索帶黛絲碧娜躲進一房間）

FIORDILIGI e DORABELLA
Là, là, celatevi, per carità!
(Conducono gli amanti in un'altra camera. Essi ne escono, non veduti, e partono.)
Numi, soccorso!

斐奧迪莉姬、朵拉貝拉：
拜託你們躲到那邊去！
（朝未婚夫指著另一房間。他二人既未瞧見，也不躲藏，離開現場。）
老天，幫幫忙！

DON ALFONSO
Rasserenatevi...

阿豐索：
妳們冷靜點……

FIORDILIGI e DORABELLA
Numi, consiglio!

斐奧迪莉姬、朵拉貝拉：
老天爺，救救我！

DON ALFONSO
Ritranquillatevi...

阿豐索：
鎮定點……

FIORDILIGI e DORABELLA
(quasi frenetiche)
Chi dal periglio ci salverà?

斐奧迪莉姬、朵拉貝拉：
（幾乎發狂）
誰能救我們脫離險境？

DON ALFONSO
In me fidatevi ben tutto andrà.

阿豐索：
妳們相信我，一切都會沒事。

FIORDILIGI e DORABELLA
Mille barbari pensieri
Tormentando il cor mi vanno;
Se discoprono l'inganno,
Ah, di noi che mai sarà?

斐奧迪莉姬、朵拉貝拉：
千頭萬緒，
痛苦湧上心頭；
如果他們發現我們的不貞，
啊，不知道會變成怎樣？

SCENA DICIOTTESIMA
— Fiordiligi e Dorabella; Ferrando e Guglielmo con mantelli e cappelli militari; Despina in camera; Don Alfonso

第十八場
一斐奧迪莉姬與朵拉貝拉；
費蘭多與古烈摩穿戴軍隊的斗篷和無邊帽；
黛絲碧娜在屋內；阿豐索

FERRANDO e GUGLIELMO
Sani e salvi agli amplessi amorosi
Delle nostre fidissime amanti,
Ritorniamo di gioja esultanti
Per dar premio alla lor fedeltà.

DON ALFONSO
Giusti numi! Guglielmo, Ferrando!
Oh, che giubilo! Qui, come, e quando?

FERRANDO e GUGLIELMO
Richiamati da regio contrordine,
Pieno il cor di contento e di gaudio,
Ritorniamo alle spose adorabili,
(a Don Alfonso)
Ritorniamo alla vostra amistà.

GUGLIELMO (a Fiordiligi)
Ma cos'è quel pallor, quel silenzio?

FERRANDO (a Dorabella)
L'idol mio, perchè mesto si sta?

DON ALFONSO
Dal diletto confuse ed attonite,
Mute, mute si restano là.

FIORDILIGI e DORABELLA (fra sè)
Ah, che al labbro le voci mi mancano:
Se non moro, un prodigio sarà.
(I servi portano un baule.)

GUGLIELMO
Permettete che sia posto
Quel baul in quella stanza...
(Esce dalla porta per la quale è uscita
Despina, e rientra immediatamente.)
Dei, che veggio! Un uom nascosto?
Un notajo! Qui che fa?

DESPINA (entrando senza cappello)
Non Signor, non è un Notajo,
E Despina mascherata,
Che dal ballo or è tornata
E a spogliarsi venne quà.
(fra sè)
Una furba che m'agguagli

費蘭多、古烈摩：
我們平安無恙地歸來，
歡欣喜悅地返鄉，
投入我們忠誠愛人的懷抱，
並且回報她們忠實的恩情！

阿豐索：
感謝蒼天！古烈摩！費蘭多！
啊！真高興！怎麼回來的？何時回來的？

費蘭多、古烈摩：
一道皇家聖旨命令我們回來，
我們心滿意足，充滿喜悅，
我們回到摯愛的未婚妻子身旁，
（轉頭對阿豐索）
也回到我們共同的好友身邊。

古烈摩：（對斐奧迪莉姬）
為什麼妳臉色如此蒼白，又這麼安靜？

費蘭多：（對朵拉貝拉）
我的女神，為什麼這麼傷心呀？

阿豐索：
她們因喜悅而顯得困惑而震驚，
站在那兒一動也不能動。

斐奧迪莉姬、朵拉貝拉：（在一旁）
啊！我的話語無法到達我的嘴邊，
如果我這次沒死，那可真算是奇蹟了。
（僕人們提著一只皮箱）

古烈摩：
請允許我們把皮箱
先放到房間裏……
（他們從黛絲碧娜先前離開的那扇門
走出去，然後立刻折回）
天哪！我看到什麼了，躲著一個男人？
一位公證人！他躲在這裏幹什麼？

黛絲碧娜：（進屋，沒帶帽子）
不，先生，不是公證人
而是化了裝的黛絲碧娜
我剛剛參加了舞會之後回來
來這兒正好要換衣服。
（在一旁）
去哪裏才找得到

Dove mai si troverà?

FERRANDO e GUGLIELMO (fra sè)
Una furba uguale a questa
Dove mai si troverà?
(Don Alfonso lascia cadere accortamente il
contratto sottoscritto dalle donne.)

FIORDILIGI e DORABELLA
La Despina! la Despina!
Non capisco come và.

DON ALFONSO
(sottovoce piano agli amanti, insieme con le due
ragazze che ripetono la loro battuta.)
Già cader lasciai le carte,
Raccogliete con arte.

FERRANDO (raccogliendo il contratto)
Ma che carte sono queste?

GUGLIELMO
Un contratto nuziale?

FERRANDO e GUGLIELMO (alle ragazze)
Giusto ciel! Voi qui scriveste;
Contradirci omai non vale!
Tradimento, tradimento!
Ah, si faccia il scoprimento;
E a torrenti, a fiumi, a mari
Indi il sangue scorrerà!
(Vanno per entrare nell' altra camera; le donne li
arrestano.)

FIORDILIGI e DORABELLA
Ah, Signor, son rea di morte,
E la morte io sol vi chiedo;
Il mio fallo tardi vedo,
Con quel ferro un sen ferite
Che non merita pietà!

FERRANDO e GUGLIELMO
Cosa fù?

FIORDILIGI e DORABELLA
(additando Don Alfonso e Despina)
Per noi favelli il crudel,

另一個（像我）這麼聰明的人？

費蘭多、古烈摩：（在一旁）
像她一樣精明的人
去哪裏才找得到？
（阿豐索先生故意地將兩位小姐
已經簽字的結婚證書遺落在地上）

斐奧迪莉姬、朵拉貝拉：
黛絲碧娜！是黛絲碧娜！
我真搞不懂到底發生什麼事。

阿豐索：
（輕聲地對兩位男士說話，
兩位小姐則重覆自己不可置信的話）
我已經讓紙掉到地上去了，
你們有技巧地把它揀起來。

費蘭多：（把合約書撿起來）
這張紙是什麼？

古烈摩：
一張結婚合約書？

費蘭多、古烈摩：（對兩位小姐）
天哪！妳們竟然在上頭簽了名，
別想對我們否認了！
背叛！劈腿者！
啊！末日的啓示錄顯現
在洪流、大河與海洋之中
將湧流著鮮血！
（他們進了另一個房間；
小姐們也被押了進去）

斐奧迪莉姬、朵拉貝拉：
啊！先生，我們是兩位該死的罪婦
而這兩位該死的女人只求一件事；
我已知錯，但爲時已晚，
就請用這把劍
戳進這不值得憐憫的胸膛中吧！

費蘭多、古烈摩：
發生了什麼事？

斐奧迪莉姬、朵拉貝拉：
（指向阿豐索與黛絲碧娜）
讓這位殘酷的男士、和這位拉皮條小姐

Scoprimento 代表聖經中最後一卷書「啓示錄」，其中預言世界末日來臨時將會產生各樣災難，費蘭多、古烈摩以此表達心中的憤怒，並且令兩位小姐心生恐懼。

La seduttrice...

代替我們發言吧……

DON ALFONSO
Troppo vero è quel che dice,
E la prova è chiusa lì.
(Accenna alla camera dov' erano entrati prima
gli amanti: Ferrando e Guglielmo vi entrano.)

阿豐索：
她們說得對，
所有的證據都關在那兒！
（指出原先阿爾巴尼亞人藏身的房間，
費蘭多與古烈摩進去找尋。）

FIORDILIGI e DORABELLA (fra sè)
Dal timor io gelo, io palpito:
Perchè mai li discoprì!
(Ferrando e Guglielmo escono dalla camera
senza cappello, senza mantello e senza
mustacchi, ma coll'abito finto; e burlano in
modo ridicolo le amanti e Despina.)

斐奧迪莉姬、朵拉貝拉：（自言自語）
我顫慄、心寒；
為什麼帶他們到拆穿真相的地方！
（費蘭多與古烈摩未戴帽子，沒穿斗篷，
沒裝上八字鬍從房裡走出，
但卻穿著偽裝的阿爾巴尼亞服回來；
以嘲笑的方式譏諷未婚妻和黛絲碧娜。）

FERRANDO
(facendo dei complimenti affettati a Fiordiligi)
A voi s'inchina, bella damina,
Il Cavaliere dell' Albania!

費蘭多：
（對斐奧迪莉姬矯情地恭維）
美麗的女士們！
阿爾巴尼亞的貴族向你們致敬！

GUGLIELMO
(a Dorabella, ridandole il ritratto)
Il ritrattino pel coricino,
Ecco io le rendo Signora mia!

古烈摩：
（對朵拉貝拉，還她相片）
小姐！我把和妳交換的項鍊
還給妳。

FERRANDO e GUGLIELMO (a Despina)
Ed al magnetico Signor Dottore
Rendo l'onore che meritò!

費蘭多、古烈摩：（對黛絲碧娜）
對這位玩弄磁鐵的蒙古大夫，
我們也要上致最崇高的敬意！

FIORDILIGI, DORABELLA e DESPINA
Stelle, che veggo!

斐奧迪莉姬、朵拉貝拉、黛絲碧娜：
天啊！怎麼會這樣！

FERRANDO, GUGLIELMO e DON ALFONSO
Son stupefatte!

費蘭多、古烈摩、阿豐索：
她們驚慌失措！

FIORDILIGI, DORABELLA e DESPINA
Al duol non reggo!

斐奧迪莉姬、朵拉貝拉、黛絲碧娜：
我們痛苦不堪！

FERRANDO, GUGLIELMO e DON ALFONSO
Son mezze matte!

費蘭多、古烈摩、阿豐索：
她們快發狂了！

FIORDILIGI e DORABELLA
(accennando a Don Alfonso)
Ecco là il barbaro che c'ingannò!

斐奧迪莉姬、朵拉貝拉：
（指向阿豐索）
是那個殘酷的傢伙，他欺騙了我們！

DON ALFONSO

V'ingannai, ma fu l'inganno
Disinganno ai vostri amanti,
Che più saggi omai saranno,
Che faran quel ch'io vorrò.
(Li unisce e li fa abbracciare.)
Quà le destre, siete sposi.
Abbracciatevi e tacete.
Tutti quattro ora ridete,
Ch'io già risi e riderò.

FIORDILIGI e DORABELLA

Idol mio, se questo è vero,
Colla fede e coll' amore
Compensar saprò il tuo core,
Adorarti ognor saprò.

FERRANDO e GUGLIELMO

Te lo credo, gioja bella,
Ma la prova io far non vò.

DESPINA

(insieme con gli altri quattro,
che ripetono la loro battuta)
Io non so se questo è sogno,
Mi confondo, mi vergogno.
Manco mal se a me l'han fatta,
Che a molt' altri anch'io la fò.

**FIORDILIGI, DORABELLA, DESPINA,
FERRANDO, GUGLIELMO e DON
ALFONSO**

Fortunato l'uom che prende
Ogni cosa pel buon verso,
E tra i casi e le vicende
Da ragion guidar si fà.
Quel che suole altrui far piangere
Fia per lui cagion di riso;
E del mondo in mezzo ai turbini,
Bella calma troverà.

FINE

阿豐索：
是我騙了你們，
那是爲了讓妳們的愛人不再受騙，
並能明瞭眞相才設下的騙局；
現在誰比較識相，就照我的話去做。
（讓他們擁抱和重修舊好。）
你們握手言歡，從今以後就是夫妻。
互相擁抱，別再說什麼了。
你們四人該歡笑在一起；
而我已經笑夠了，以後還要繼續笑。

斐奧迪莉姬、朵拉貝拉：
我的愛人，如果說這一切是眞的，
我將帶著忠誠與愛情
來補償你受創的心，
將永永遠遠地愛著你。

費蘭多、古烈摩：
我相信妳，美麗的愛人，
也絕不再試探妳。

黛絲碧娜：
（與男男女女四人在一起，
反覆說著內心的震驚）
我是不是在作夢，
我羞愧交加。
她們待我實在不壞，
今後我也將如此待人。

斐奧迪莉姬、朵拉貝拉、黛絲碧娜、
費蘭多、古烈摩、阿豐索：
幸福的男人對任何事，
總心存樂觀。
無論遭遇任何意外，
總能找到理由互相排解。
對那些讓人想哭的事，
一笑置之；
面對人世間的許多風浪，
尋得美麗的寧靜。

全劇結束

○ 1789 → 2006

女人皆如此
Così fan tutte

Mozart
莫札特

阿瑪迪斯狂想世界

2006 年 1 月 6.8.10

2006.01.06（五）19:30 國家音樂廳
2006.01.08（日）14:30 國家音樂廳
2006.01.10（二）19:30 國家音樂廳

音樂總監・指揮 — 簡文彬
導演 ——————— 賴聲川
音樂顧問 ———— 雷哈德・林登（Reinhard, Linden）

女高音／陳妍陵 飾 斐奧迪莉姬（Fiordiligi）
女高音／陳美玲 飾 朵拉貝拉（Dorabella）
男中音／巫白玉璽 飾 古烈摩（Guglielmo）
男高音／洪宜德 飾 費蘭多（Ferrando）
女高音／羅明芳 飾 黛絲碧娜（Despina）
低男中音／蔡文浩 飾 阿豐索先生（Don Alfonso）

合唱團指導／梁秀玲
鋼琴排練／林慧英・陳丹怡
舞者／謝慧超・陳薇如・周燕琳・李蕙雯・
　　　陳彥廷・黃弘欽・黃凡峻・林春輝

戲劇製作群／【表演工作坊】
監製／丁乃竺
舞臺設計／莫禮圖（Donato Moreno）
燈光設計／簡立人
服裝設計・製作・造型梳化妝／鈴鹿玉鈴・鈴鹿玉靜
編舞／王正芬
舞台監督／黃聖凱
技術總監／劉培能
製作經理／謝明昌

簡文彬 Chien, Wen-Pin
音樂總監，指揮

自一九九七年三月起數度應國家交響樂團之邀返國指揮的簡文彬，於二○○一年七月起獲聘擔任國家交響樂團音樂總監至今。

簡文彬生於台北，國立藝專（現國立台灣藝術大學）音樂科鍵盤組畢業，一九九○年負笈奧地利入國立維也納音樂院（現國立維也納音樂暨表演藝術大學）鑽研指揮，一九九四年取得碩士學位畢業。在校期間，曾於義大利及法國等地指揮大賽中獲獎。畢業後旋即受聘為維也納室內歌劇院（Wiener Kammeroper）指揮。一九九五年榮獲第一屆伯恩斯坦指揮大賽特別獎，國際聲望日益提昇。自一九九六年起擔任德國萊茵歌劇院（Deutsche Oper am Rhein）駐院指揮，並於一九九八至二○○四年擔任日本太平洋音樂節（Pacific Music Festival）常任指揮。

在歐洲，簡文彬除以歌劇指揮身分，受邀於荷蘭阿姆斯特丹皇家歌劇院以及德國漢堡國立歌劇院指揮演出，也客席指揮包括捷克莫拉維亞愛樂（Moravian Philharmonic Orchestra）及法國巴黎拉莫魯（Orchestre des Concerts du Lamoureux）等交響樂團。在日本，亦客席指揮讀賣日本交響樂團及東京NHK交響樂團。一九九八年六月更率領德國萊茵歌劇院首次於「維也納藝術節」〈Wiener Festwochen〉演出，為該劇院以及我國指揮家寫下一頁新紀錄。

自擔任國家交響樂團音樂總監以來，簡文彬即以創新構思突破格局，先後推出如《發現貝多芬》系列、《戰爭安魂曲》、《神奇吹笛人》、《愛的交響曲》等台灣首演曲目外，也積極委託國人作曲家創作。二○○二年底開始推出「NSO 歌劇系列」，邀請林懷民、汪慶璋、鴻鴻、賴聲川、黎煥雄、魏瑛娟等名家跨界執導，深獲各界矚目，成為國內表演藝術界盛事。本樂季簡文彬也將在德國萊茵歌劇院帶領《唐喬望尼》、《羅密歐與茱麗葉》、《灰姑娘》、《後宮誘逃》、《霍夫曼的故事》、《卡門》等經典歌劇及芭蕾舞劇的製作演出。

賴聲川 Stan Lai,
導演

被《亞洲週刊》譽為「亞洲劇場導演之翹楚」的賴聲川，是華文世界最著名的劇場工作者之一，從一九八四年以來，以強烈的創意吸引觀眾湧入劇場，帶給台灣劇場新生命，從此持續為中國語文劇場開拓新的領域與境界。在余秋雨的觀點中，賴聲川和他領導的【表演工作坊】「總能彈撥到無數觀眾的心弦」。

賴聲川被日本NHK電視台稱為「台灣劇場最燦爛的一顆星」；美國《橘郡記事報》稱他為「台灣現代劇場的創造者……世界上很少劇場藝術家有賴聲川如此廣遠的成就。」《遠東經濟評論》曾稱他的作品為「中國語文世界中最精彩的戲劇」；《美國新聞週刊》說他的作品「是最新的印證，台灣正創造著亞洲最大膽的中國藝術。」新加坡《聯合早報》說賴聲川的戲「為世界華語劇場創造了一種嶄新的悲喜劇經驗。」

他的二十四部原創劇場編導作品包括台灣現代劇場開拓作品《那一夜，我們說相聲》及《暗戀桃花源》，多部並曾作國際巡迴，獲得廣大迴響，包括《回頭是彼岸》、《這一夜，誰來說相聲？》、《紅色的天空》、《我和我和他和他》、《十三角關係》、《千禧夜，我們說相聲》、《在那遙遠的星球，一粒沙》等。他的七小時劇場史詩《如夢之夢》則被譽為現代中文劇場的經典作品。他的純導演作品，如《落腳聲——古厝中的貝克特》、《一夫二主》、《等待狗頭》，以及莫札特歌劇《唐喬望尼》等也獨具一格，深獲好評。

賴聲川是美國加州柏克萊大學戲劇藝術博士，國立臺北藝術大學戲劇學院教授及前院長，曾二度榮獲中華民國國家文藝獎，也曾獲選為中華民國十大傑出青年；電影《暗戀桃花源》獲東京影展銀櫻獎、柏林影展卡里加里獎、金馬獎、新加坡影展最佳影片等；《那一夜，我們說相聲》於一九九九年獲選為聯合報選出之「台灣文學經典作品」；《如夢之夢》並於二〇〇三年榮獲香港舞台劇獎「最佳整體演出」等三項獎項。

賴聲川劇作多數出版於《賴聲川：劇場》一至四冊（元尊，1999）、《如夢之夢》（遠流，2001）、《世紀之音》、《兩夜情》、《魔幻都市》、《對照》、及《拼貼》（群聲，2005）。更多資訊見《剎那中——賴聲川的劇場藝術》（台北：時報，2003）。

Who's who

陳妍陵
Chen, Yen-Ling
女高音
飾 斐奧迪莉姬

陳美玲
Chen, Mei-Lin
女高音
飾 朵拉貝拉

宜蘭縣人,文化大學、義大利國立米蘭音樂院畢業。曾師事蔡正驊、李士明、呂麗莉等老師。旅義期間曾師事 Prof. B. Adele、G. Cigna,後隨旅義女高音朱苔麗習唱,至今未輟。曾隨佛究內教授(Prof. Michela Forgione)與曼達拉教授(Prof. Luciano Mandara)學習歌劇演唱詮釋,歌劇劇本研讀與角色分析受教於之名義大利歌劇導演龔佛遜(Prof. Enrico Comforti)。曾參加義大利 Stresa 國際聲樂大賽(Concorso di Stresa)、Torrona國際聲樂大賽(Concorso di Torrona),均進入總決賽,並獲邀參加公開演唱會之殊榮。一九九六年參加 Camerino 歐洲音樂節(Festival Musicale di Camerino),獲頒聲樂組最高榮譽獎章(Premio d'Onore)。曾應邀於義大利雷契音樂院(Conservatorio di Lecce)、艾爾巴劇院(Teatro Erba)、羅瑟暾劇院(Teatro Rosetum)等地演唱。

一九九九獲邀擔任國立台灣交響樂團主辦浦契尼歌劇《波西米亞人》女主角「咪咪」。二〇〇二年獲選為國立中正文化中心「樂壇新秀」,於台北國家演奏廳舉行個人演唱會。參與中華民國聲樂家協會「中文創作歌曲發表會」、「布拉姆斯愛之歌音樂會」、「陳樹熙歌樂作品展」等音樂會。二〇〇二年應國家交響樂團(NSO)之邀,五月擔任華格納歌劇《女武神》歐特琳德(Ortlinde)一角,十二月擔任浦契尼歌劇《托斯卡》擔任女主角托斯卡(Tosca)及二〇〇四年巡演。二〇〇四年四月再度應國家交響樂團之邀,擔任莫札特歌劇《唐喬望尼》安娜(Anna)一角。二〇〇五年一月NSO歌劇音樂會系列《諾碼》,擔任克蘿悌德(Clotilde)一角。七月馬勒第八千人大合唱擔任女高音獨唱。

陳妍陵音色甜美醇厚,情感豐富,對演唱風格與音色調適態度嚴謹。聲樂傳承於女高音朱苔麗的義大利美聲唱法。陳妍陵目前除演唱外,並任教於國立台灣藝術大學、實踐大學;並為中華民國聲樂家協會會員。

畢業於輔仁大學音樂系、東海大學音樂系碩士班,先後師事杜玲璋與徐以琳教授。曾獲選一九九五年國立中正文化中心之「校園菁英」;一九九六年台灣區音樂比賽女高音獨唱第一名;一九九六年「亞洲華人聲樂大賽」之「最佳中國藝術歌曲獎」及「優異獎」;一九九九年德國 New Stimme 國際聲樂大賽決賽入圍,及受邀國立台灣交響樂團製作歌劇《波希米亞人》擔任Musetta一角;台北愛樂文教基金會之「二〇〇〇年台灣樂壇新秀」;二〇〇〇年「亞洲華人聲樂大賽」第二名;二〇〇一年聲樂家協會「聲樂新秀」及國立中正文化中心「樂壇新秀」;二〇〇一年「台北德文藝術歌曲比賽」第三名;一九九九年以及二〇〇一年「世界華人聲樂大賽」第三名暨新秀獎。

二〇〇二年五月於國家交響樂團製作之歌劇《女武神》音樂會中擔任Helmwige一角;十二月受邀擔任高行健創作、許舒亞作曲之歌劇《八月雪》世界首演之女高音獨唱;二〇〇三年國立台灣交響樂團製作歌劇《女人皆如此》擔任Fiordiligi一角;二〇〇四年四月於國家交響樂團製作之歌劇《唐喬望尼》中飾演Elvira一角;二〇〇五年六月於國家交響樂團製作之威爾第歌劇《法斯塔夫》中飾演 Meg 一角;七月於國家交響樂團製作之「發現馬勒」系列音樂會中,擔任馬勒第八號交響曲《千人》之女高音獨唱。

現任教於台中新民中學、雙十國中音樂班、南華大學民族音樂系,並擔任台北愛樂合唱團、榮星合唱團之聲樂指導老師,中華民國聲樂家協會會員。

洪宜德
Hung, Yi-Te
男高音

飾 費蘭多

巫白玉璽
Wu Bai-Yu-Hsi
男中音

飾 古烈摩

畢業於國立台北藝術大學音樂研究所，曾師事倪百聰教授與唐鎮教授。二○○一年十月於國立台北藝術大學「關渡新聲」比賽中獲選，並於十二月由國立台北藝術大學管絃樂團協奏演出；十一月參加台北德文藝術歌曲大賽，榮獲第二獎。二○○二年五月於國家演奏廳參與德文藝術歌曲大賽得獎者音樂會；同月於台北市立社教館，與國立台北藝術大學管絃樂團、合唱團合作演出莫札特《安魂曲》、莫札特《晚禱曲》，擔任男高音獨唱；六月獲選為台北愛樂文教基金會第三屆台灣樂壇新秀，並於台北新舞台演唱；十二月於國家音樂廳，與國家音樂廳交響樂團合作演出巴赫《聖誕神劇》，擔任男高音獨唱。二○○三年一月於國家音樂廳，與台大交響樂團合作演出威爾第歌劇《茶花女》選曲，擔任男高音獨唱；九月於大安森林公園，與台北市立交響樂團合作演出董尼才悌歌劇《愛情靈藥》選曲，擔任男高音獨唱。二○○四年三月獲台灣區音樂比賽男高音獨唱第一名。

...Wu Bai-Yu-His was a vocal tour de force, simultaneously mercurial and assured ...
一位具優越成就的歌唱家，兼具機智敏捷而有自信
Bradley Wintertony, Opera, July 2004

男中音巫白玉璽民國七十三年畢業於政戰學校音樂系，師事戴序倫老師；一九九六年取得義大利國立米蘭威爾第音樂院演唱文憑，在校期間師事女高音歌劇演唱家Marcella De Osma及米蘭「 HYPERLINK 史卡拉」歌劇院男中音 Ernesto Panariello；曾參加台灣省音樂比賽及台北市傳統藝術季民歌大賽均獲首獎。一九八九年獲選為國家戲劇院歌劇工作室成員，並隨導演Dr.Bernhard Hermich、Mr.Winfried Bauerfeind及唱法指導Joseph Giardina、Herman Bauer、Frank Maus等教授研習歌劇理論及舞台表演，並同時展開職業演唱工作，曾與國家交響樂團、台北市立交響樂團、台北市立國樂團、國立台灣交響樂團、台北愛樂交響樂團、高雄市立交響樂團、台北樂興之時管弦樂團等有多次合作經驗；多年來累積上百場次的演出，場場均獲得聽眾之喜愛與肯定支持。

男中音巫白玉璽少年時期為一名優秀運動球員，高中進入軍校開始軍旅生涯，期間同時練就一副好的體魄與嗓門，智慧與堅強意力是他完成音樂工作的重要因素，他天生音色既渾厚亦高亢，演唱技巧自如運用於古典、浪漫與寫實風格之間，立於舞台灑脫自若，為國內重要指揮家演出認定之必要人選。巫白玉璽目前有個人專屬經紀公司安排各項演出邀約活動，工作上除了演唱之外，亦著重點將優良健康之演唱技術傳授國內外莘莘學子，不論年長或年少，讓各年齡層對演唱有濃厚興趣者，皆能在歌唱中得到快樂與滿足。

巫白玉璽目前任教於實踐大學音樂系、政戰學校藝術系。

羅明芳
Lo, Ming-Fang
女高音
飾 黛絲碧娜

蔡文浩
Tsai, Wen-Hao
低男中音
飾 唐阿豐索

義大利特倫多（Trento）市報知名樂評人若瑟卡里亞利（G. Calliari）評論「羅明芳優美的聲音悠然地詮釋古典樂派作品；自然舒服地帶領聽眾隨著樂句進入歌劇秘密婚禮的人物特質；再以細膩燦爛的音色與技巧表現莫札特。」一九九八年美國紐約曼哈頓音樂院聲樂碩士、一九九四年義大利國立米蘭威爾第音樂院聲樂家文憑。自幼音樂啟蒙於楊鳳鳴老師，聲樂曾師事李士明、呂麗莉、Dante Mazzola、R. Crosatti、B. Adele、G. P. Malaspina、Edith Bers 等多位教授。

二○○○年寒假赴義與我國旅義女高音朱苔麗教授學習，期間對於演唱技巧與樂曲詮釋能力的精進，具有深遠的影響，開啟聲樂另一新境界。

一九九八年六月於美國參加第一屆國際聲樂大賽 Classical Production 榮獲第二獎，一九九九年四月獲選為國立中正文化中心樂壇新秀，二○○○年歲末於總統府跨年晚會擔任獨唱。二○○一年四月赴羅馬演出三場《魔笛》；七月份再度應邀於義大利第二十六國際音樂節「Ie Cantiere」演唱祈馬羅沙的《秘密婚約》（Il Matrimonio Segreto）飾 Elisetta；二○○四年四月參與兩廳院主辦與國家交響樂團合作莫札特歌劇《唐‧喬望尼》之演出，飾 Zerlina。二○○五年六月與 NSO 合作威爾第歌劇《法斯塔夫》演出，飾 Nanneta；七月再度參與NSO「發現馬勒系列」演出馬勒第八號交響曲，飾「光明的聖母」；九月與台北市立交響樂團合作演出《茶花女》，飾 Flora。

目前任教於國立台灣藝術大學、實踐大學、國立海洋大學。並為中華民國聲樂家協會會員。

台灣台北市人，國立台灣大學土木工程學系畢業後，赴英國改攻聲樂表演，受教於名男中音 Brian Rayner Cook。一年之內取得伯明罕音樂院表演、教學及畢業三項文憑。於一九九二年參加不列顛音樂信託（Musica Britannica Trust）舉辦之聲樂比賽，獲第二獎；並參加英國音樂學會（British Music Society）舉辦之聲樂比賽，獲得第一獎。同年即受邀在倫敦南岸中心皇家節慶廳演出巴赫清唱劇；次年參與第四十三屆 King's Lynn 音樂節「仲夏夜之頌」藝術歌曲聯合獨唱音樂會之演出。

目前旅居倫敦從事聲樂表演。在英曾演出歌劇及擔任多齣神劇與彌撒之獨唱，並應駐英代表處邀請於「旅英傑出音樂家聯合音樂會」中演唱；亦曾受邀赴美演唱各國藝術歌曲，另曾參與現代舞團 Dance Continuuuum 舞碼《Artsong》中之音樂及舞蹈演出。多次應邀於國內演出包括：梅諾第歌劇《電話》、吉伯特與蘇利文輕歌劇《花田又錯》、莫札特歌劇《唐‧喬望尼》、《費加洛婚禮》、《後宮誘逃》、威爾第歌劇《奧泰羅》、《阿依達》、《茶花女》、比才歌劇《卡門》、普契尼歌劇《杜蘭朵》、《波西米亞人》、《托斯卡》、華格納歌劇《漂泊的荷蘭人》、白遼士歌劇《浮士德的天譴》之主要角色；並曾擔任韓德爾《彌賽亞》、貝多芬《合唱》交響曲、《合唱幻想曲》、白遼士《莊嚴彌撒》等神劇、彌撒、大型合唱作品之獨唱，均獲好評。應邀返國合作音樂團體包括台北愛樂文教基金會，台北愛樂室內及管弦樂團，台北歌劇劇場，台北市立交響樂團，國立台灣交響樂團，高雄市實驗交響樂團，國家交響樂團，輔仁大學音樂系等。另曾參與國立台灣交響樂團錄製之中國藝術歌曲唱片及福爾摩沙合唱團錄製之蕭泰然清唱劇《浪子》唱片之獨唱。

國家交響樂團
National Symphony Orchestra

教育部為培訓高水準樂團，發展音樂教育，推行文化建設，提升國民生活素質，特設置國家音樂廳交響樂團，二〇〇二年一月一日定名為「國家交響樂團」。多年來，本團在政府輔導下逐漸成長，演出成果輝煌，截至本年度已累積超過六百五十場以上的音樂會。定期在國家音樂廳製作演出各項節目之外，並主動赴各地學校及社區，從事音樂教育之推廣工作，對於充實國人精神生活及推展文化建設均有顯著的貢獻。本團於一九九七年三、四月首次赴歐洲音樂文化三大重鎮維也納、巴黎、柏林巡迴演出，深獲當地聽眾與樂評家的好評，成功完成一趟文化外交之旅，為本團跨入國際樂壇建立新的里程碑。本團多年來亦與多位世界知名音樂家合作。包括：男高音多明哥、帕瓦洛帝、卡瑞拉斯，指揮家林望傑、林克昌、呂紹嘉、麥爾、席維斯坦，吉他演奏家耶佩斯，鋼琴家傅聰、貝爾曼、拉蘿佳，大提琴家羅斯托波維奇、馬友友、麥斯基，小提琴家林昭亮、胡乃元、夏漢及列賓等。本團演出曲目著眼深度與廣度兼具，除經典作曲家作品之外，過去三年亦積極規劃推出重量級音樂家作品系列，除演出經典作曲家貝多芬、馬勒、斯特拉溫斯基、及理夏德史特勞斯等作品，近代與當代作曲家作品亦是節目單上的常客；對於國人作品演出及委託創作亦無有遺漏。豐富的內容和多變的樂曲詮釋，充分顯示傲人的演出能量與多元風格。在艾科卡、史奈德、許常惠、張大勝、林望傑等歷任常任指揮及音樂總監帶領下，自二〇〇一年七月起，由國際聲譽日隆的簡文彬出任音樂總監，以更堅定的步伐邁向新境界向國際發聲。二〇〇五年八月一日，本團正式併入行政法人化後的國立中正文化中心；展望未來，本團仍將堅持提供高品質的管絃樂節目製作演出的專業精神，期盼為廣大愛樂者提供一個更精緻的音樂欣賞環境。

國家交響樂團名錄

音樂總監	簡文彬
助理指揮	張佳韻　林天吉
樂團首席	吳庭毓　李宜錦
樂團副首席	鄧皓敦

第一小提琴
郭昱麟　卓曉青　陳逸群　林基弘　方俊人　廖維琪
黃佳頎　侯勇光　李庭芳　梁坤豪　賴佳奇　陳逸農
盧佳君

第二小提琴
●陳怡茹　◎孫正玫　于爾恩　洪章文　康信榮　陳偉泓
　吳怡慧　李梅箋　李京熹　鍾仁甫　黃衍繹　林孟穎
　顧慈美　蔡孟峰

中提琴
●黃瑞儀　◎鄧啟全　劉國蘭　呂孟珊　黃雅琪　李思琪
　李靖宜　陳猶白　鄭珠玲　謝君玲

大提琴
●熊士蘭　◎連亦先　吳世傑　陳怡婷　呂明美　周幼雯
　王貝文　韋智盈

低音提琴
●傅永和　◎卓涵涵　連珮致　卓曉瑋　蔡歆婕　王淑瑜
　黃筱清　王淑宜　周春祥

長笛
●安德石　李　淩

短笛
鐘美川

雙簧管
◆林麗玥　陳雅詩

單簧管
●朱玫玲　朱偉誼　孫正茸

國立中正文化中心藝術總監兼樂團執行長　平　珩

企劃行銷
資深企劃專員　黃雅玲
企劃專員　　　施俊民
行銷專員　　　余佩珊
行銷助理　　　林欣儀

演出管理
舞台監督　　　劉柏宏
舞台專員　　　陳嘉宏
人事專員　　　林碧珠
譜務專員　　　吳幸潔

音樂總監秘書　潘克定

低音管
●簡凱玉　◎陳奕秀　高靈風

法國號
●劉宜欣　◎黃韻真　國田朋宏　鄭浩然

小號
◆陳長伯　○張景民　吳建銘

長號
●宋光清　◎邵恆發　陳中昇

低音長號
彭曉昀

低音號
段富軒

定音鼓
●連雅文

打擊樂
●陳哲輝　陳振馨　楊璧慈

豎琴
●解　瑄

鋼琴
林慧英

●首席　◆代理首席　◎副首席　○代理副首席

雷哈德・林登 Reinhard, Linden
音樂顧問

● 一九八三年至一九八五年：在米蘭斯卡拉歌劇院接受阿巴多指導。在西也納的 Accademia Chigiana 管絃樂指揮大師班師從費拉拉的指導。

● 一九八五年至一九八六年：於巴黎學習。在迦尼葉宮（Palais Garnier）與城堡劇院（Théâtre du Châtele）見習巴倫波英、尚皮耶波磊爾排練莫札特系列音樂會。

● 一九八六年至一九八七年：於紐約學習。在大都會歌劇院見習李汶排練。

● 一九八七年至一九八八年：於維也納學習。在國立歌劇院見習阿巴多排練。

● 一九八九年至一九九一年：擔任烏珀塔歌劇院（Wuppertaler Bühnen）的鋼琴家及歌者指導。

● 一九九一年至一九九二年：擔任波昂市立歌劇院的鋼琴家及歌者指導。曾與彼得許奈德、朱利斯盧姆等指揮；以及與伊笛塔古貝洛娃、漢娜徐瓦茲、安娜圖莫娃辛托娃、伊娃瑪頓、丹妮耶拉德希、西西莉雅嘎斯迪雅、葛莉絲布伯利、伊達莫瑟、瑪格利特普萊斯、格絲塔溫貝格、貝恩德維可、西蒙愛胥特、沃夫岡布蘭鐸、以及尼可拉居瑟列夫等歌者合作。

● 一九九二年至一九九六年：擔任烏珀塔歌劇院（Wuppertaler Bühnen）的首席歌者指導，掌管歌者訓練及鋼琴家部門；並為該歌劇院管絃樂團團長。

● 一九九六年至二〇〇〇年：擔任杜塞多夫的「萊茵德意志歌劇院」首席歌者指導，掌管歌者訓練及鋼琴家部門；曾與佐坦佩斯科、漢斯瓦拉特、簡文彬等指揮；及瑪莎莫鐸、黑爾嘉蝶涅絮、琳達華生、圖蝶莉瑟徐密特、庫爾特摩爾、卡爾里德布胥、以及沃夫岡徐密特等歌者合作。

● 二〇〇〇年至二〇〇四年：在慕尼黑從事音樂經紀工作，由二〇〇四年起擔任獨立經紀人。

莫禮圖 Donato, Moreno
舞臺設計

最高學歷：美國康乃爾大學藝術碩士　MFA of Cornell University
教學經驗：
2002~2003　香港演藝學院舞台及電影設計系系主任
1995~2002　香港演藝學院舞台設計系系主任
1984~1995　美國北卡羅萊納大學The North Carolina School of The Arts藝術家、教師
　　　　　　暨研究所助理院長
1982~1984　美國紐約綺色佳學院 ITHACA COLLEGE 助理教授
1981~1982　美國紐約綺色佳學院 ITHACA COLLEGE 講師
1980~1981　美國康乃爾大學 Cornell University 講師暨服裝指導

簡立人 Chien, Lee-Zen
燈光設計

美國維吉尼亞理工州立大學藝術碩士，現為國立台北藝術大學劇場設計系專任副教授，周凱劇場基金會常務董事，台灣技術劇場協會常務理事。
從事劇場工作、舞台燈光設計及教學多年，近年來為國內外各表演團體設計之重要作品有《如夢之夢》I、II、III 版、表演工作坊《亂民全講》、《等待狗頭》、《千禧夜，我們說相聲》、《這兒是香格里拉》、《我和我和他和他》，台北藝術大學戲劇學院製作之《航向愛琴海》、《鳥》、《寶蓮精神.nia.tw》、《巫山雲》、《真理》、《紅旗白旗阿罩霧》、《奧瑞斯提亞三部曲》、《秋聲賦》、《亨利四世》等，亦曾與德國司圖加芭蕾舞團、香港話劇團合作，以及為綠光劇團《人間條件》、九歌兒童劇團《強盜的女兒》、果陀劇場、當代傳奇劇場、明華園、原舞者等知名團體設計燈光及舞台。

鈴鹿玉鈴 Suzuka, Gyokueei
服裝設計造型暨梳化妝

日本東京設計學院畢業，主修視覺設計；美國 V.V.C 美容美髮專業學校、美國 Hollywood Center化妝造型學院畢業，並取得美國加州職業美容師執照；四次獲得全美 N.H.C.A. Fantasy Make-up 第二名獎項，此為全美美容師最高榮譽；造型設計作品為數眾多，包括【表演工作坊】之《暗戀桃花源》、《圓環物語》、《千禧夜，我們說相聲》、《他和他的兩個老婆》、《Mumble Jumble亂民全講》等。為美國Hollywood化妝大師 P.J. Hugus、美國 Mr. Kenneth London、日本名造型髮型師古久保（Kyoto）等人擔任日本植村秀大師專屬雙向口譯，雙向翻譯經驗長達十年之久。Maxfactor SK II意見領袖，Mary Key 造型講師。肯邦公司造型講師。華視「天才向前衝」造形設計。著作《如何使妳更亮麗－動人的化妝術》一書。

鈴鹿玉靜 Suzuka, Christine
服裝製作造型暨梳化妝

日本東京美容專門學校畢業，從事翻譯及造型教學二十年。曾是英國Jingles Internation、Tony &Guy、美國 KMS、荷蘭 Keune、西班牙 Lakme 及日本 Shu Uemura、Kenneth首席翻譯講師。經常為電影、電視、廣告、報章雜誌及劇場擔任造形設計，代表作如【表坊】《暗戀桃花源》、《這兒是香格里拉》、《千禧夜，我們說相聲》、《他和他的兩個老婆》、《張愛玲，請留言》、《在那遙遠的星球，一粒沙》、《快樂王子》、《威尼斯雙胞案》、《如夢之夢》顧香蘭之造形設計等及《半生緣》、《唐喬望尼》、《班哲明之做愛計畫》服裝設計暨化妝、髮型、造型等。亦是徐若瑄、林依晨、陶子、愛紗、夏禕、Makiyo、希美子、陳思璇、吳彥祖等知名藝人之造形設計。目前為鈴鹿婚紗造型負責人。

王正芬 Wang, Cheng-Fen
舞蹈老師

從事舞蹈創作、表演及教學多年，近年來專注於肢體開發課程及戲劇演出之舞蹈創作。曾與國內許多表演團體合作如流浪舞者、進行式劇團、組合語言舞團、歡喜扮戲團、肢體音符舞團、九歌兒童劇團，最近的作品有歡喜扮戲團「鹽巴與味素II」、「千姿百媚畫旦角」、「看不見的朋友」、台灣告白七「母親」；九歌兒童劇團「一千隻警衛貓」；北藝大舞蹈表演研究生畢業作品「心印象」；國家實驗樂團與表演工作坊歌劇《唐喬望尼》；二〇〇五年首次跨界擔任劇場導演工作，作品「與莎士比亞共進晚餐」中取材自馬克白的「移動的森林」。

劉培能 Liu, Pei-Neng
技術總監

國立藝術學院戲劇系畢業，專業劇場工作者。現為表坊、明華園系劇團技術總監及舞臺監督。曾為國內眾多表演團體擔任技術總監、舞臺監督或技術指導的工作超過兩百個作品。
舞台設計包括國立藝術學院的《變奏巴哈》、《專誠拜訪》、《獨立的和平》、《工地秀》及【表演工作坊】的《臺灣怪譚》、《絕不付帳！》、《納西古樂》、《紅色的天空》北京版台北演出、《這兒是香格里拉》，雅音小集的《瀟湘秋夜雨》、《歸越情》，當代傳奇劇團的《無限江山》，明華園歌仔戲團的《界牌關傳說》、《八仙傳奇》，霹靂布袋戲團的《狼城疑雲》，復興歌仔戲的《八仙屠龍記》，如果兒童劇團的《隱形貓熊在哪裡》，春禾劇團的《歡喜鴛鴦樓》等。

《女人皆如此》影音資料一覽

整理◎陳效真

唱片

● NAXOS 8.110280-81（一九三四年錄音）
★企鵝三星
Luise Helletsgruber，次女高音 / Heddle Nash，男高音 / John Brownlee，男中音 / Willi Domgraf-Fassbaender，男中音 / Ina Souez，女高音 / John Brownlee，男中音 / Fritz Busch指揮格蘭堡音樂節管弦樂團

● Urania 121（一九四九年錄音）
Giulietta Simionato，次女高音 / Suzanne Danco，女高音 / Mariano Stabile，男中音 / Marcello Cortis，男中音 / Libero de Luca，男高音 / Karl Böhm 指揮瑞士羅曼德管弦樂團

● Guild Historical 2303/04（一九五一年錄音）
Sena Jurinac，女高音 / Richard Lewis，男高音 / Sesto Bruscantini，男低音 / Marko Rothmüller，男低音 / Alice Howland，次女高音 / Isa Quesnel，次女高音 Fritz Busch 指揮皇家愛樂

● Orfeo 357942（一九五四年錄製）
Anton Dermota，男高音 / Erich Kunz，男中音 / Irmgard Seefried，女高音 / Lisa Otto，女高音 / Paul Schoffler，男低音 / Dagmar Hermann，女低音 / Karl Bohm 指揮維也納愛樂

● EMI 67138（一九五四年錄製）
★企鵝三星帶花
Elisabeth Schwarzkopf，女高音 / Sesto Bruscantini，男中音 / Rolando Panerai，男中音 / Nan Merriman，次女高音 / Lisa Otto，女高音 / Leopold Simioneau Tenor，男高音 / Herbert von Karajan 指揮 Philharmonia Orchestra

● London 417 185-2（一九五五年錄製）
Christa Ludwig，次女高音 / Lisa della Casa，女高音 / Anton Dermota，男高音 / Erich Kunz，男中音 / Emmy Loose，女高音 / Karl Bohm 指揮維也納愛樂

● Opera D'oro 1208 / Living Stage 35145（一九五六年錄製）
Luigi Alva，男高音 / Franco Calabrese，男中音 / Nan Merriman，次女高音 / Rolando Panerai，男中音 / Elisabeth Schwarzkopf，女高音 / Graziella Sciutti，女高音 / Guido Cantelli指揮米蘭史卡拉歌劇院管弦樂團

● Philips 438 678-2（一九五六年錄製）
Teresa Stich-Randall，女高音 / Ira Malaniuk，次女高音 / Graziella Sciutti，女高音 / Waldemar Kmentt，男高音 / Walter Berry，男低音 / Deszo Ernster，男低音 / Rudolf Moralt 指揮維也納交響樂團

● Arkadia 455（一九六二年錄製）
Elisabeth Schwarzkopf，女高音 / Christa Ludwig，次女高音 / Waldemar Kmentt，男高音 / Graziella Sciutti，女高音 / Karl Böhm 指揮維也納愛樂

● EMI 67379（一九六三年錄製）
★企鵝三星帶花
Elisabeth Schwarzkopf，女高音 / Christa Ludwig，次女高音 / Hanny Steffek，女高音 / Alfredo Kraus，男高音 / Giuseppe Taddei，男中音 / Walter Berry，男低音 / Karl Böhm 指揮愛樂管弦樂團

● DG 449 580-2（一九六三年錄製）
Irmgard Seefried，女高音 / Nan Merriman，次女高音 / Erika Koth，女高音 / Ernst Haefliger，男高音 / Hermann Prey，男中音 / Dietrich Fischer-

Dieskau，男中音 / Eugen Jochum 指揮柏林愛樂

● **Arts 43035**（一九六七年錄製）
Werner Krenn，男高音 / Victor Braun，男中音 / Carlos Feller，男中音 / Janis Martin，次女高音 / Adriana Martino，女高音 / Teresa Stich-Randall，女高音 / Peter Maag指揮羅馬義大利廣播電台交響樂團

● **RCA 6677**（一九六八年錄製）
★葛萊美獎「最佳歌劇錄音」
Leontyne Price，女高音 / Sherrill Milnes，男中音 / Tatiana Troyanos，次女高音 / Ezio Flagello，男低音 / Judith Raskin，女高音 / George Shirley，男高音 / Erich Leinsdorf 指揮新愛樂管弦樂團

● **EMI CMS7 63845-2**（一九七二年錄製）
Margaret Price，女高音 / Yvonne Minton，次女高音 / Lucia Popp，女高音 / Luigi Alva，男高音 / Sir Geraint Evans，男中音 / Hans Sotin，男低音 / Otto Klemperer 指揮新愛樂管弦樂團

● **Decca 430 101-2**（一九七三年錄製）
Pilar Lorengar，女高音 / Teresa Berganza，次女高音 / Jane Berbie，女高音 / Ryland Davies，男高音 / Tom Krause，男中音 / Gabriel Bacquier，男中音 / Georg Solti 指揮倫敦愛樂

● **Philips 422 542-2**（一九七四年錄製）
★葛萊美獎「最佳歌劇錄音」
Montserrat Caballe Caballe，女高音 / Dame Janet Baker，次女高音 / Ileana Cotrubas，女高音 / Nicolai Gedda，男高音 / Wladimiro Ganzarolli，男中音 / Richard Van Allan，男低音 / Sir Colin Davis指揮英國皇家歌劇院管弦樂團

● **DG 429 874-2**（一九七四年錄製）
Gundula Janowitz，女高音 / Brigitte Fassbaender，次女高音 / Reri Grist，女高音 / Hermann Prey，男中音 / Peter Schreier，男高音 / Rolando Panerai，男中音 / Karl Böhm 指揮維也納愛樂

● **Golden Melodram 50037**（一九七八年錄製）
Peter Schreier，男高音 / Theo Adam，男中音 / Brigitte Fassbaender，次女高音 / Margaret Price，女高音 / Reri Grist，女高音 / Wolfgang Brendel，男中音 / Wolfgang Sawallisch指揮巴伐利亞國立歌劇院管弦樂團

● **Angel DSCX 3940**（一九八二年錄製）
Margaret Marshall，女高音 / Agnes Baltsa，次女高音 / James Morris，男中音 / Francisco Araiza，男高音 / Kathleen Battle，女高音 / Jose van Dam，男低音 / Riccardo Muti 指揮維也納愛樂

● **L'Oiseau-Lyre 414 316-2**（一九八四年錄製）
Tom Krause，男低音 / Rachel Yakar，女高音 / Alicia Nafe，次女高音 / Carlos Feller，男中音 / Georgine Resick，女高音 / Gosta Windbergh，男高音 / Arnold Ostman 指揮 Drottningholm Court Theatre Orchestra Orchestra

● **Sony 60652**（一九八五年錄製）
Eleanor Steber，女高音 / Roberta Peters，女高音 / Richard Tucker，男高音 / Lorenzo Alvary，男低音 / Frank Guarrera，男中音 / Blanche Thebom，次女高音 / Fritz Stiedry 指揮大都會歌劇院管弦樂團

● **EMI EX270540-3**（一九八六年錄製）
★企鵝三星
Carol Vaness，女高音 / Delores Ziegler，女高音 / Lillian Watson，女高音 / John Aler，男高

音／Dale Duesing，男中音／Claudio Desderi，男低音／Bernard Haitink 指揮倫交響樂團

● **DG 423 897-2**（一九八八年錄製）
Thomas Hampson，男中音／Dame Kiri Te Kanawa，女高音／Hans Peter Blochwitz，男高音／Marie McLaughlin，次女高音／Ann Murray，次女高音／Giuliano Furlanetto，男中音／James Levine 指揮維也納愛樂

● **Philips 422 381-2**（一九八九年錄製）
★企鵝三星
Anne Sofie von Otter，次女高音／Sir Thomas Allen，男中音／Jose Van Dam，男低音／Francisco Araiza，男高音／Karita Mattila，女高音／Elzbieta Szmytka，女高音／Neville Marriner 指揮聖馬丁學院管弦樂團

● **Erato 45475**（一九八九年錄製）
Cecilia Bartoli，次女高音／Ferruccio Furlanetto，男低音／Joan Rodgers，女高音／John Tomlinson，男中音／Lella Cuberli，女高音／Kurt Streit，男高音／Daniel Barenboim 指揮柏林愛樂

● **Orfeo 243913**（一九九〇年發行）
Sesto Bruscantini，男中音／Monica Bacelli，次女高音／Laura Cherici，女高音／Anna Caterina Antonacci，女高音／Albert Dohmen，男中音／Richard Decker，男高音／Gustav Kuhn 指揮 Marchigiana Philharmonic Orchestra

● **Teldec 71381**（一九九一年錄製）
Charlotte Margiono，女高音／Delores Ziegler，次女高音／Anna Steiger，女高音／Deon van der Walt，男高音／Gilles Cachemaille，男中音／Thomas Hampson，男中音／Nikolaus Harnoncourt指揮阿姆斯特丹大會堂管弦樂團

● **Naxos 8 660008/10**（一九九一年發行）
Andreas Martin，男中音／Peter Mikulas，男低音／Joanna Borowska，次女高音／Priti Coles，女高音／John Dickie，男高音／Rohangiz Yachmi，女高音／Johannes Wildner 指揮 Capella Istropolitana Orchestra

● **Archiv 437829**（一九九二年錄製）
★企鵝三星
Eirian James，次女高音／Rosa Mannion，女高音／Amanda Roocroft，女高音／Rodney Gilfry，男低音／Carlos Feller，男低音／Rainer Trost，男高音／John Eliot Gardiner指揮英國巴洛克獨奏家合奏團

● **Brilliant 99555**（一九九二年錄製）
Monica Groop，次女高音／Nancy Argenta，女高音／Hubert Claessens，男低音／Soile Isokoski，女高音／Markus Schafer，男高音／Per Vollestad，男中音／Sigiswald Kuijken 指揮 La Petite Bande

● **Telarc 80360**（一九九三年錄製）
Alessandro Corbelli，男中音／Jerry Hadley，男高音／Felicity Lott，女高音／Marie McLaughlin，女高音／Gilles Cachemaille，男低音／Nuccia Focile，女高音／Sir Charles Mackerras 指揮蘇格蘭室內樂團

● **London 444 174-2**（一九九四年錄製）
★企鵝三星
Renee Fleming，女高音／Anne Sofie von Otter，次女高音／Olaf Bar，男中音／Michele Pertusi，男中音／Frank Lopardo，男高音／Adelina Scarabelli，女高音／Georg Solti 指揮歐洲室內樂團

● EMI CDS5561702（一九九五年錄製）
Hillevi Martinpelto，女高音 / Alison Hagley，女高音 / Ann Murray，次女高音 / Kurt Streit，男高音 / Gerald Finley，男低音 / Thomas Allen，男中音 / Sir Simon Rattle 指揮啟蒙時代管弦樂團

● Astree 8606（一九九六年錄製）
Nicolas Rivenq，男中音 / Patrick Donnelly，男中音 / Sophie Marin-Degor，女高音 / Simon Edwards，男高音 / Laura Polverelli，次女高音 / Sophie Fournier，女高音 / Jean-Claude Malgoire 指揮 La Grande Ecurie et la Chambre du Roy

● Erato 98494（一九九七年錄製）
★企鵝三星
Dame Kiri Te Kanawa，女高音 / Frederica Von Stade，女高音 / Philippe Huttenlocher，男中音 / Teresa Stratas，女高音 / Jules Bastin，男低音 / David Rendall，男高音 / Alain Lombard 指揮史特拉斯堡愛樂

● Harmonia Mundi 2961663（一九九八年錄製）
Veronique Gens，女高音 / Bernarda Fink，次女高音 / Pietro Spagnoli，男中音 / Werner Gura，男高音 / Marcel Boone，男中音 / Graciela Oddone，女高音 / Rene Jacobs 指揮科隆室內樂團

● Forlane 316809（一九九九年錄製）
Laura Cherici，女高音 / Michele Lagrange，女高音 / Marcos Fink，男中音 / Nicola Ulivieri，男中音 / Alain Lombard 指揮瑞士義語區廣播管弦樂團

DVD

● ARCHIV 073 026-9
Eirian James，次女高音 / Rosa Mannion，女高音 / Amanda Roocroft，女高音 / Rodney Gilfry，男低音 / Carlos Feller，男低音 / Rainer Trost，男高音 / John Eliot Gardiner 指揮英國巴洛克獨奏家合奏團

● BBC Opus Arte OA LS 3006 D
Daniela Dessi，女高音 / Dolores Ziegler，次女高音 / Alessandro Corbelli，男中音 / Jozef Kundlak，男高音 / Adelina Scarabelli，女高音 / Riccardo Muti指揮米蘭史卡拉歌劇院

● JDV 311068
Dorothea Roschmann，女高音 / Katharina Kammerloher，次女高音 / Hanno Muller-Brachmann，男低音 / Werner Gura，男高音 / Daniela Bruera，女高音 / Roman Trekel，男中音 / Daniel Barenboim 指揮柏林國立歌劇管弦樂團

● Arthaus Musik 100012
Cecilia Bartoli，次女高音 / Liliana Nikiteanu，次女高音 / Agnes Baltsa，次女高音 / Roberto Sacca，男高音 / Rodney Gilfry，男低音 / Laszlo Polgar，男低音 / Nikolaus Harnoncourt指揮蘇黎士歌劇院管弦樂團

● Naxos 101081
Helena Dose，女高音 / Sylvia Lindenstrand，次女高音 / Thomas Allen，男中音 / Anson Austin，男高音 / John Pritchard 指揮倫敦愛樂

● Decca 071 4139 7
Susan Larson，女高音 / Janice Felty，次女高音 / Frank Kelley，男中音 / James Maddalena - GuglielmoSue Ellen Kuzma，女高音 / Sanford Sylvan，男中音 / Craig Smith 指揮維也納交響樂團

女人皆如此
Così fan tutte

發行人————平　珩
社長————劉怡汝
總編輯————盧健英
執行總編輯——楊忠衡
執行主編———徐昭宇
執行編輯———孫正欣
文字編輯———陳效真

美術設計———王廉瑛

作者————邢子青　車炎江　邱少頤　陳漢金　陳樹熙　郭耿甫　鍾欣志（按姓氏筆劃排列）

節目策畫———國家交響樂團
發行所————國立中正文化中心
讀者服務———郭瓊霞
電話————02-33939874
傳真————02-33939879
網址————http://www.ntch.etu.tw/
E-MAIL————parmag@mail.ntch.edu.tw
劃撥帳號———19854013　國立中正文化中心

印製————立屹彩藝印刷有限公司
出版日期———中華民國九十五年一月
ISBN————986-00-3973-9
統一編號———1009530061
定價————NT.250

女人皆如此
Così fan tutte
Mozart
莫札特

250 anniversary
莫札特250週年 NSO歌劇系列
阿瑪迪斯狂想世界

開幕強打

1/6（五）**1/8**（日）**1/10**（二）
pm7:30　pm2:30　pm7:30
莫札特：歌劇《女人皆如此》
Mozart: Così fan tutte
國家音樂廳 ◎導聆主講 邢子青

4/23（日）**pm2:30**
新竹市文化局演藝廳
維也納愛樂管樂獨奏家
Wiener Bläserphilharmonie

4/26（三）**pm7:30**　◎導聆主講 曾智寧 pm7:00
國家音樂廳
維也納愛樂管樂獨奏家
Wiener Bläserphilharmonie

4/28（五）**pm7:30**　◎導聆主講 曾智寧 pm7:00
國家音樂廳
維也納愛樂管樂獨奏家與NSO
Wiener Bläserphilharmonie & NSO

6/30（五）**7/2**（日）**7/4**（二）
pm7:30　pm2:30　pm7:30
莫札特：歌劇《費加洛》
Mozart: le nozze di Figaro
國家音樂廳 ◎導聆主講 邢子青

5/13 莫札特歌曲之夜
5/20 莫札特的家庭音樂會
5/27 莫札特合唱榮耀篇
時間：星期六pm7:30　地點：國家音樂廳演奏廳

指揮 **簡文彬**　導演 **賴聲川**

NSO國家交響樂團
音樂顧問 雷哈德・林登

NSO 阿瑪迪斯狂想世界【音樂講座】
2005/12/3 邢子青 歌劇《女人皆如此》
2006/4/8 曾至寧 維也納愛樂管樂獨奏家與NSO
2006/6/17 邢子青 歌劇《費加洛婚禮》
時間：星期六下午2:00-4:00　地點：誠品講堂

台北場次
套票與單場票券同步啟售！

瘋狂阿瑪迪斯套票
同時購買★《女人皆如此》
★維也納愛樂管樂獨奏家 限4/26場次
★維也納愛樂管樂獨奏家與NSO
★演奏廳節目任選一場
票券各一張 可享**7**折

愛情莫札特歌劇套餐
同時購買★《女人皆如此》
★《費加洛婚禮》
票券各一張 可享**8**折

主辦單位： 國立中正文化中心
售 票 處：兩廳院售票系統www.artsticket.com.tw　02 3393 9888
票　　價：國家音樂廳 400・600・900・1200・1600・2000
　　　　　國家音樂演奏廳 300・400・500
優惠折扣：NSO之友&兩廳院之友9折・表坊之友購買戲劇系列9折
　　　　　團體票另有優惠折扣